부동산 공매! 이렇게 쉬웠어?

공매 실무와 실전 사례

.

부동산 공매

이렇게 쉬웠어?

공매 실무와 실전 사례

김동년 지음

매일경제신문사

나에게 부동산 공매는
희망이었다

빚이라는 삶의 굴레는 무겁기만 했다. 아무리 발버둥을 쳐도 생활은 나아지지 않았고, 무언가 다른 방법을 찾아야만 했다. 그때 나에게 희망이 된 것이 공매였다. 정말 앞만 보고 달렸다. 절실하게 공부했고 수없이 낙찰에 실패하면서도 멈추지 않고 도전했다. 해보지 않고서는 알 방법이 없었기에 무작정 부딪히고 헤쳐나갔다. 다른 사람의 낙찰 사례를 보고 부러워해봐야 내 것이 아니었다. 내 것을 만들기 위해 미친 듯이 공부하고 실행으로 옮겼더니 빚은 점점 줄어들고 수익이 생기기 시작했다. 비 온 뒤에 땅이 더욱 굳어진다고 했던가? 공매는 나에게 경제적, 시간적 여유를 이룰 수 있게 해주었다.

꿈은 반드시 이루어진다

이 책을 읽어보면 필자가 지극히 평범한 50대 주부라는 것을 알 수 있을 것이다. 누구나 어린 시절에는 부자를 꿈꾸고, 성공을 꿈꾼다. 하지만 정작 그 꿈을 이루고 사는 사람이 얼마나 될까? 성인이 되면서 현실의 벽에 부딪히고 그저 평범한 삶을 살아간다. 현실에 안주하거나 힘든 일이 닥쳤을 때는 그곳에서 벗어나지 못한다. 그렇다면 왜 그 많은 사람이 자신의 꿈을 이루지 못하고 살아가고 있는 것일까? 대부분의 사람이 자신의 꿈을 이룰 수 있을 것이라고 생각하지 않기 때문이라고 한다. 자신감을 가지고 실행에 옮겨야 하지만 못하는 것이다. 부자가 될 수 있다는 긍정적인 생각으로 내 안의 자신감을 끄집어내야 한다. 본인의 태도에 달린 것이다. 안 하고 있을 뿐 정말 못할 것은 없다.

목표를 정해놓고 꾸준히 노력해야 한다

꿈을 이루려면 내가 원하는 목표가 명확해야 하고, 또한 절실해야 한다. 중도에 포기해서도 안 된다. 책을 읽고, 부동산에 관한 공부를 해보자. 변할 수 있다는 확신과 용기, 강한 자신감, 나를 바로 세울 수 있는 자존감 이런 것들이 모여 꾸준히 시도하다 보면 부를 축적하는 시간이 단축될 것이다. 살면서 꿈이 있고 무언가를 할 수 있다는 것이 얼마나 행복한지를 느꼈으면 좋겠다. 지금 당장은 힘들더라도 긍정적인 마인드를 가지고, 나도 할 수 있다는 자신감으로 목표를 실행에 옮긴다면 분명 성공의 기회는 열릴 것이다. 나이가 많아서, 돈이 없어서, 시간이 없어서라는 말은 핑계일 뿐이다. 나 역시 나이가 많았고 돈도 없었다.

부동산 공매, 성공 투자로 가는 길

경매는 대중화로 많이 알려지기도 했고 여러 유료사이트로 정보를 얻을 수 있다. 또한, 민사집행법에 따른 인도명령제도가 있어 명도의 부담을 덜어 주고 있다. 하지만 공매는 인도명령제도가 없어 명도소송으로 해결해야 하는 부분 때문에 많은 사람이 어려움을 느끼고 꺼린다. 부동산 공매는 단어만으로도 생소함을 느끼는 사람들이 많다. 대부분 사람에게 공매를 물어보면 모른다고 한다. 필자 또한 같은 생각을 한 사람 중에 하나다. 이 책,《부동산 공매! 이렇게 쉬웠어? 공매 실무와 실전 사례》는 1권인《부동산 공매! 이렇게 쉬웠어? 알기 쉬운 기초 공매》에 이어서 펴낸 2권이다. 부담 없이 실전에 접할 수 있게 관련된 내용을 담으려고 노력했다. 임장과 명도에 주안점을 두고, 이야기하듯 지루하지 않고 실감 나게 풀어 놓았다. 읽다 보면 어느새 당신도 해낼 수 있다는 자신감이 생길 것이다.

지금은 부동산에 관한 다양한 정보들을 직접 찾아볼 수 있고 경험해볼 수 있다. 그중에서 나와 맞는 방법을 찾으면 된다. 필자는 이 부분에서 알기 쉽게 풀어 주고 싶었다. 공매의 기본지식과 물건 찾는 방법, 물건 분석하는 방법, 임장하는 방법, 명도 과정까지 어렵지 않고 쉽게 이해할 수 있도록 최대한 노력했다. 공매에 입문하려는 사람들에게 부디 이 책이 희망의 씨앗이 되기를 바란다. 작게나마 도움이 되고 싶은 필자의 마음이 고스란히 전해졌으면 좋겠다.

경제적, 시간적으로 행복해질 수 있다

지금도 힘든 현실 속에서 열심히 최선을 다해 살고 있음에도 나아지지 않는다면, 이 책을 통해 자신들의 현재 모습을 돌아보고 조금이라도 바꿀 수 있다는 용기를 가졌으면 좋겠다. 이 책을 읽고 작은 기적을 만들고, 그 기적들로 '나도 정말 노력하면 될 수 있구나! 나도 따라서 하면 될 수 있겠구나!'라는 희망을 품게 되었으면 좋겠다. 큰 부자는 아니어도 인생을 바꾸기에는 충분하다. 이 책을 읽고 공감하며 희망을 느꼈다면 당신은 충분한 자격이 있는 사람이다. 공감으로만 그치지 말고 반드시 꾸준한 공부와 실행력으로 수익이 나는 낙찰까지 받을 수 있는 멋진 당신이 되기를 바란다.

이제는 자신 있게 말할 수 있다. 내 삶은 내가 주도할 수 있고 얼마든지 경제적, 시간적으로 행복해질 수 있다고. 내 삶의 주인공은 내 자신이고, 내가 이끌어 갈 수 있다고 말이다.

마지막으로, 엄마가 하는 일이라면 항상 아낌없는 응원을 해주는 라영, 희수, 관우 세 아이와 무한한 믿음과 지지를 보여주는 남편에게 고마움과 사랑을 전하고 싶다. 또한, 막연했던 꿈을 이루고 용기를 내게끔 이끌어주신 최고의 책 쓰기 코치, '한국책쓰기강사양성협회'의 김태광 대표님께 진심으로 감사함을 전하고 싶다. 이 책이 출간되기까지 애써주신 (주)두드림미디어의 한성주 대표님을 비롯해 출판사 관계자 여러분께도 감사함을 전한다.

김동년

목차

프롤로그

나에게 부동산 공매는 희망이었다   6

PART 1   **공매의 최종목적은 수익 창출이다**

01 셀프 인테리어로 짜릿한 투자 수익   16

02 입지선택을 잘못해서 실패한 사례   32

　　Tip 입찰 전 유의사항   38

03 낙찰받고 한 달 만에 월세 100만 원 받기   39

04 공매의 최종목적은 수익 창출이다   50

05 부동산 세금 I 취득세와 보유세(재산세 및 종합부동산세)   57

06 부동산 세금 II 투자 수익률을 결정짓는 양도소득세   63

　　Tip 주택 규제지역 지정 현황(2022년 9월 26일 기준)   67

07 부동산 정책과 합법적 절세 방법   69

08 대출과 신용등급(LTV, DTI, DSR 포함)   74

　　Tip 신용등급을 하락시키는 6가지 대표 사례   80

　　Tip 신용등급을 올리는 5가지 방법   81

　　Tip 투기과열지구 및 조정대상지역 지정효과   86

09 필요경비를 잘 챙겨야 절세된다   88

PART 2 공매의 꽃, 명도

01 낙찰받고 등기 하루 만에 매수자가 나타나다 94

02 100세 시대 노후자금 만드는 비법 103

03 감정평가서와 실제 시세는 다르다 111

04 명도란? 117

05 명도의 기술 119

06 명도할 때 점유자에게 좋게 인식되는 법 122

07 명도 협상은 제삼자를 내세우는 것도 좋다 124

08 가슴으로 이해하면 명도를 쉽게 할 수 있다 130

PART 3 여행 같은 나의 임장스토리

01 맛집 찾아다니면서 여행하듯 임장하기 142

　　Tip 현장조사서 148

02 젊은 신혼부부의 안타까운 이야기 149

03 너무도 친절한 노부부 155

04 둘째 딸, 공매에 관심을 보이다 163

05 드디어 둘째 딸이 낙찰받다   170

06 전세 사기 당하지 않는 방법   178

07 부동산 경·공매 시 별도 세대구성과 세금 문제   186

08 경·공매에서 체납된 관리비 해결책   189

09 건물의 '유치권 행사 중'이라는 현수막의 의미   193

PART 4 부자가 되는 원리

01 평범한 50대 주부의 공매 투자 계기   198

02 부동산 투자로 성공하려면 어떻게 해야 할까?   203

　　　　Tip 안전한 부동산 투자 원칙   208

03 부자가 되는 원리   209

04 성공하는 사람들은 긍정적이다   214

05 나를 먼저 사랑해야 다른 것도 보인다   220

PART 1

공매의 최종목적은
수익 창출이다

셀프 인테리어로
짜릿한 투자 수익

인천에 24평 저층 아파트를 7차에 9,650만 원으로 낙찰받았다. 감정평가서에 폐문부재로 이해관계인을 만날 수 없다는 표시가 되어 있는 것을 대수롭지 않게 넘겼다. 점유자가 맞벌이로 집에 없을 수도 있고, 찾아갔던 날에 마침 사람이 없었다고 생각했다. 관리소에 확인해보니, 170만 원가량의 미납관리비도 있었다. 하지만 이 건은 신탁 공매로, 신탁회사가 전기요금, 도시가스요금, 상하수도요금 및 관리비 등 일체를 '기준일' 전날까지 발생한 부분은 증빙서류를 실제 잔금 납부일 전까지 매도자(신탁회사)에게 제출하는 때는 매도자가 부담한다고 공지되어 있다. 잔금 납부 전에 증빙서류를 제출하고 관리비 일체를 보전받을 수 있었다. 그것은 내게는 행운이었다. 그때는 이렇게 신탁회사에서 관리비 일체를 지급해주는 경우도 있었지만, 요즘은 공고문상에 일체 매수자 부담으로 명시되어 있다.

| 제세공과금 관련 공고문 |

제세공과금 신탁회사 부담 조건 공고문 일부(발췌)

제세공과금

- 매수자는 관계법령에 의거 매각대상물건의 매매계약허가, 토지거래허가 등의 적합여부를 확인
한 후 응찰하여야 하며, 매매계약 체결에 따른 소유권이전 관련비용(이전비용 및 제세공과금 등)과 토지거래허가, 부동산 거래계약신고, 용도변경 등 인.허가의 책임 및 추가비용은 매수자가 부담하여야 합니다.
- 매수자는 잔금납부지정일과 실제 잔금납부일 중 빠른 날(이하 "기준일"이라 함) 이후 발생하는 재산세, 종합부동산세 기타 제세공과금(각종 부담금 포함)을 부담하여야 합니다. 다만, 매매목적물에 대한 전기요금, 도시가스요금, 상하수도요금 및 관리비의 경우 계약체결 전후를 구분하지 않고 매수자가 부담하는 것을 원칙으로 하되, "기준일" 전일까지 발생한 부분은 그에 대한 고지서 등 증빙서류를 실제 잔금납부일 전까지 매도자에게 제출하는 경우에 한하여, 매도자가 해당 금액을 부담합니다.

| 물건정보 |

물건정보	입찰이력			해당공고 보기	해당공고물건 보기

물건관리번호 : 2018-1200-██████   물건상태 : 낙찰   공고일자 : 2019-02-21   조회수 : 458

[주거용건물 / 아파트]
인천광역시 부평구 ████████ 제101동 제██호 아파트

일반공고	매각	인터넷	기타일반재산	일반경쟁	최고가방식	총액

처분방식 / 자산구분	매각 / 기타일반재산
용도	아파트
면적	토지 - / 건물 59.18㎡
감정평가금액	-
입찰방식	일반경쟁(최고가방식) / 총액
입찰기간 (회차/차수)	2019-03-12 10:00 ~ 2019-03-12 12:00 (7/1)
유찰횟수	14 회
집행기관	대한토지신탁주식회사
담당자정보	신탁팀 / ████ ████

[입찰유형]
- ☐ 전자보증서가능   ☑ 공동입찰가능
- ☐ 2회 이상 입찰가능   ☐ 대리입찰가능
- ☐ 2인 미만 유찰여부   ☐ 공유자 여부
- ☐ 차순위 매수신청가능

최저입찰가(예정금액)	**95,000,000**원

출처 : 온비드

상세입찰결과

▮ 상세입찰결과

물건관리번호	2018-1200-▮▮▮▮	기관명	대한토지신탁주식회사
물건명	인천광역시 부평구 ▮▮▮▮▮▮▮ 제101동 제▮▮호 아파트		
공고번호	201902-06171-00	회차 / 차수	007 / 001
처분방식	매각	입찰방식/경쟁방식	최고가방식 / 일반경쟁
입찰기간	2019-03-12 10:00 ~ 2019-03-12 12:00	총액/단가	총액
개찰시작일시	2019-03-13 10:10	집행완료일시	2019-03-13 10:11
입찰자수	유효 1명 / 무효 1명(인터넷)		
입찰금액	96,500,000원		
개찰결과	낙찰	낙찰금액	96,500,000원
감정가 (최초 최저입찰가)	-	최저입찰가	95,000,000원
낙찰가율 (감정가 대비)	-	낙찰가율 (최저입찰가 대비)	101.58%

- 최저입찰가에서 150만 원 추가된 금액으로 단독낙찰받았다.   출처 : 온비드

체납관리비를 신탁회사가 부담하는 아파트 낙찰! 그런데 느낌이 싸하다

낙찰 후 며칠이 지난 뒤 아파트를 찾아갔다. 초인종을 몇 번이나 눌렀는데 아무런 대답이 없었다. '낙찰자이니 연락 부탁드립니다!'라는 메모가 적힌 쪽지를 현관문에 붙여 놓고 집으로 돌아왔다. 하지만 며칠째 연락이 없었다. '웬만하면 연락이 올 텐데 이사비를 많이 챙기려고 이러나?'라고 생각하며, 며칠 후에 다시 찾아갔다. 저녁 늦게 가면 집에 있으려니 하고, 일부러 늦은 시간에 방문해서 벨을 눌렀는데도 대답이 없었다. 느낌이 왠지 싸했다.

집 안에서는 아무 소리도 들리지 않았다. 혹시 하는 마음에 바깥쪽 베란다로 불빛을 확인했으나 전혀 새어 나오지 않았다. 불안한 마음에 우편함으로 가보니 처음에 왔을 때보다 더 많은 우편물이 쌓여 있었다.

다음 날 아파트 관리사무소로 연락을 하고 낙찰자임을 밝히면서 연락처를 물었다. 관리소장은 그 집에 대해서 잘 알고 있었는지 상세한 이야기를 해주었다. 중년부부와 아들이 살았는데 남편이 사업하다 망하면서, 경매로 넘어간 것 같다고 말해주었다. 관리사무소 입장에서는 공용부분 관리비를 해결하지 않으면 짐을 꺼낼 수 없다는 말을 강조하기도 했다. 이미 1년 전부터 단전, 단수가 되어 있었고, 미납관리비 정리를 위해 여러 차례 소유자에게 내용증명도 보냈다고 한다. 수차례 전화를 시도했지만, 받지 않았다고 했다. 관리소장은 소유자의 연락처를 알려주면서 잘 해결되었으면 좋겠다고 이야기했다.

미납관리비 내역서

아파트 ○○동 ○○호 관리비 현황 (2019.4.15.일 현재)

2015년 3월분(1,286,690원)은 연체료 안 받기로 약속) 잔금금액 518,920원

(단위 : 원)

2018년	수도사용료	수도료	공동전기료	도색비	일반관리비	전화요금/ 블봉그릴소	화재보험	특별수선비	계단청소비	방화관리비	급수장치비	발급	도색을 위하여 한가구 10만원	여달관리비원	현달미납금액	연체	2015년미납금	납기후
☞ 1월 11월 20만원 입금 확인																		
1월	23	24,430	9,300	5,000	26,000	2,200	710	7,480	4,500	2,000				83,620		4,180	318,920	406,720
☞ 2월 9월 20만원 입금확인																		
2월	25	28,200	10,090	5,000	32,000	3,000	710	7,480	4,500	2,200	5,000			98,180		4,900	206,720	309,800
3월	23	26,610	12,770	5,000	32,000	3,000	710	7,480	4,500	2,200	5,000			99,270	103,000	10,110	206,720	419,180
☞ 4월 17월 20만원 입금확인																		
4월	21	21,230	6,620	5,000	32,000	3,000	710	7,480	4,500	2,200	5,000			87,740	212,460	15,010	6,720	321,930
5월	29	28,740	5,780	5,000	32,000	3,000	710	7,480	4,500	2,200	5,000			144,410	315,210	22,980	6,720	489,320
6월	35	33,640	5,580	5,000	32,000	3,000	710	7,480	4,500	2,200	5,000	50,000		149,110	482,600	31,580	6,720	670,010
7월	33	34,880	6,960	5,000	32,000	3,000	710	7,480	4,500	2,200	5,000	50,000		101,730	663,290	38,250	6,720	809,990
8월	36	44,170	7,380	5,000	32,000	3,000	710	7,480	4,500	2,200	5,000			111,440	803,270	45,730	6,720	967,160
☞ 8월 18월 30만원 입금확인																		
9월	34	37,300	7,790	5,000	32,000	3,000	710	7,480	4,500	2,200	5,000			104,980	667,160	38,600		810,740
10월	33	35,380	6,210	5,000	32,000	3,000	710	17,480	4,500	2,200	5,000			111,480	810,740	46,110		968,330
11월	13	14,380	5,460	5,000	32,000	3,000	710	17,480	4,500	2,200	5,000			89,730	968,330	52,900		1,110,960
12월	2	2,310	6,610	5,000	32,000	3,000	710	17,480	4,500	2,200	5,000			78,810	1,110,960	59,490		1,249,260
2019년																		
1월	1	1,080	8,510	5,000	32,000	3,000	710	17,480	4,500	2,200	5,000	10,000		89,480	1,249,260	66,940		1,405,660
2월	1	1,140	10,060	5,000	32,000	3,000	710	17,480	4,500	2,200	5,000			81,090	1,405,680	74,340		1,561,110
3월			9,590	5,500	32,000	3,000	710	17,480	4,500	2,200	5,000			79,480	1,561,110	82,030		1,722,620
4월			10,070	2,550	16,050	1,500	300	8,700	2,250	1,050	2,550			45,020	1,722,620			1,767,640

인천광역시 부평구   외
○ 아파트 ○○○동 자치회장
(Tel. 012)

계좌번호: (은행)

- 이 건은 신탁회사가 관리비 일체를 지급했다.   출처 : 해당 아파트 관리사무소
 (현재는 그런 경우는 거의 없는 듯하다.)

겉모습으로만 판단하고 '설마, 사람이 살기는 하겠지!'라고 생각했다. 거주 부재 건물에, 명도소송으로 수개월의 시간적, 금전적 손해가 생길 것을 생각하니 아득하게 느껴졌고, 실망하지 않을 수 없었다. 또한, 혹시 발생할지도 모를 내부의 짐들을 처리하는 집행비용까지 감안하면 상당한 비용 손실이 예상되었다.

애타게 찾던 점유자에게 연락이 왔다

현 소유자에게 수차례 전화를 하고 문자 메시지를 남기기를 여러 번 했지만, 연락이 되지 않았다. 경매 같은 경우 인도명령제도가 있어서 신속한 진행이 가능하지만, 공매는 그런 제도가 없어서 명도소송으로 진

행해야 한다. 그렇게 되면 시간도 오래 걸리고 부수적으로 추가비용이 발생하게 되어, 곤란한 처지에 놓이게 된다. 상황이 복잡하게 꼬인 것이다. 계속 연락을 할 수밖에 없었고, 몇 날 며칠을 전화하고 문자 메시지를 보내다 보니, '헤어진 연인을 못 잊어 집착할 때 이렇게 하나?' 하는 생각까지 들었다. 그러던 어느 날 한 통의 전화가 걸려왔다.

| 제삼자 대행형식 문자 메시지 발송 내용 |

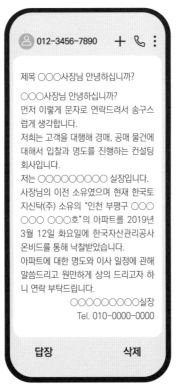

출처 : 저자 작성

나이 지긋한 목소리의 여자분이 죄송하다며 남편의 사업이 망한 데다, 구타하는 남편을 피하느라고 집에도 못 들어간다고 했다. 동네 사람들 보기가 창피해서 가끔 저녁에 늦게 가서 옷가지와 우편물만 가지고 온다는 것이다.

점　유　자 : "너무 어린 나이에 10년 이상 나이 차이가 나는 남편을 만나 얼떨결에 결혼했습니다. 평생 고생만 하다 막노동하는 남편의 잦은 구타로 집에 제대로 들어가지 못하고 있습니다."

필　　자 : "그러면 집에 남편이 거주하고 있습니까?"

점　유　자 : "남편은 막노동으로 지방에 자주 출장 가서 2~3개월에 한 번 정도 며칠 정도만 집에 머물 뿐이며, 아들이 가끔가다 집에 들릅니다. 다른 집들은 이사비를 300만 원 정도를 기본적으로 준다고 하는데 가능합니까? 아들이 가끔 집에 들르니 6개월 정도 더 거주해도 됩니까?"

필　　자 : "현실적으로 전부 받아들이기에는 어려움이 있습니다. 낙찰자분에게 말씀드리고 다시 연락드리겠습니다."

　이후 몇 번의 문자를 주고받고 통화를 거친 후 법적절차예고장을 발송하게 되었다. 점유자는 며칠 후 연락을 해와 차마 아들이 있는 상황에서 부모가 좋지 않은 모습을 보이고 싶지 않다고 했다. 최종적으로 3개월 시간을 달라고 해서 상호 '명도합의서'를 작성 후 무상거주하게 했다.

명도합의서

2019년 3월 ○○일 한국자산관리공사 공매물건 번호 2019-1200-******에 의거 "인천광역시 부평구 ○○동 ○○외 1필지, ○○동 ○○○호(이하 "낙찰물건"이라 한다)"에 대한 낙찰자 ○○○(이하 "낙찰자"라 한다)과 낙찰일 현재 소유자 겸 현재 점유자 △△△(이하 "점유자"라 한다) 간의 원만한 점유 이전을 위해 다음과 같이 합의하기로 합니다.

제1조(명도일 및 명도 후 주택상태) ①"점유자"는 2019년 ○월 ○○일(*)까지 점유를 이전하기로 한다.
② "점유자"는 "낙찰물건"에 대해 낙찰일 현재 상태로 보존하며, 파손, 손괴, 분실 등이 발생하지 않도록 한다.
③ 점유자의 짐이나 쓰레기 등은 없도록 하며 통상적인 이사 완료 후의 간이 청소까지 완료하도록 한다.
④ 점유 이전 후 비치된 각종 물품이나 쓰레기 등이 있을 경우 낙찰자는 이를 임의대로 처분하며 처분비용은 "점유자"에게 청구할 수 있다.
⑤ 임의 처분에 관해 "점유자"는 "낙찰자"에게 민·형사상의 책임을 묻지 않는다.

제2조(공과금 정산) "점유자"는 명도(이사)일까지 발생한 모든 공과금(도시가스, 관리비, 재산세 등)을 정산해 "낙찰자"에게 그 영수증을 인도하며, 공과금을 정산하지 않을 경우 추후 법적 책임을 질 것을 약속한다.

제3조(무상거주 용인 및 부당이득 손해배당 배제) ①"낙찰자"는 "낙찰물건"에 대해 제1조에 의한 기한까지 무상으로 계속 거주할 수 있도록 한다.

② "낙찰자"는 무상거주기간 법적으로 진정한 소유자일지라도 "점유자"의 주거안정을 보장하며 어떠한 사유를 막론하고 절대 "낙찰자"의 주거를 침입하지 아니한다.
③ 제1항에 의한 기한에 대해 "점유자"에게 부당이득 또는 손해배상 청구를 하지 아니하기로 한다. 다만 "점유자"가 제1조의 기한까지 명도를 완료하지 못한 경우에는 제3조를 적용해 부당이득반환 소송을 제기해도 이의를 제기하지 아니한다.
④ "점유자"는 이 협의사항 외에 어떠한 금전적 요구를 하지 아니한다.

제4조(부당이득 손해배상 기준) ①"점유자"는 2019년 ○월 ○○일부터 2019년 ○월 ○○일까지 1개월을 30일로 적용해 월 700,000원의 임차료를 일할 계산해 "낙찰자"에게 지불한다. 다만 보증금은 없는 것으로 산정한다.
② 2019년 ○월 ○일부터는 최종명도일까지 "점유자"는 "낙찰자"에게 1개월을 30일로 적용해 월 1,000,000원의 손해배상금을 지불하기로 한다.

제5조(채무불이행자 등록) "점유자"는 제3조의 부당이득 손해배상에 관해 승소에 따른 소송결과에 따라 관할지방법원에 "채무불이행자 등록"신청이 될 수 있음을 인지하며 이에 대한 이의를 제기하지 아니한다.

"낙찰자"와 "점유자"는 위 조항에 합의했고, 명도합의서 2통을 작성해 계인을 하고 서명(날인) 후 1통씩 보관한다.

2019. . .

낙찰자	점유자
성 명 : ○○○ (서명) 전화번호 : 010-0000-0000	성 명 : △△△ (서명) 전화번호 : 010-0000-0000

출처 : 저자 작성

그런데 3개월 후 이사했다고 해서 비밀번호를 알려달라고 했더니 바로 말을 하지 못하고 망설였다. 집이 엉망이라는 것이다. 남편이 술을 마시고 집을 난장판으로 만들어놓았다고 했다. 쓰레기도 많다고 하면서 이사비는 안 받을 테니 집은 알아서 치우라고 했다. 그렇게 명도협의는 끝이 났다.

난생 처음 보는 쓰레기가 가득한 집

비밀번호를 누르고 집으로 들어간 순간 기절할 것만 같았다. 이런 집에서 사람이 과연 어떻게 살았을까? 쓰레기가 집 안에 꽉 차 발 디딜 틈이 전혀 없었다. 버리고 간 냉장고 안에는 먹다 남은 음식들이 썩어가고 있었다. 부엌 싱크대 문짝 중 반 이상이 떨어져 있어 흡사 일부러 부순 것처럼 보였다. 거실에는 소주병이 수십 개씩 나뒹굴고 있었고, 베란다 쪽에는 온갖 잡동사니와 오물들이 가득했다. 30년 가까이 되어 보이는 낡은 디자인의 화장실은 벽과 바닥에 타일이 여기저기 깨져 떨어져 있었고, 오물들로 가득했다.

어느 곳 하나 성한 곳이 없었다. 꼭 쓰레기 매립지 같았다. 어디 하나 쓸 만한 것은 없었고, 어디부터 손봐야 할지 눈앞이 캄캄했다. 아무리 남편이 난장판을 만들어 놓았다고 하지만, 이 정도일 줄은 짐작하지 못했다. 순간 겉만 보고 덜컥 낙찰받은 것이 후회스러웠다. 얼마나 당황했는지, 그 모습을 사진으로 남겨두지 못한 것이 아쉽다.

쓰레기 처리를 위해 지인에게 철거 업체를 소개받았다. 철거 인부 3명과 1.5톤 트럭 1대를 준비했다. 비용은 인부 1인당 12만 원, 트럭은 폐기물처리비용까지 75만 원이 소요되어, 총 111만 원을 견적으로 받았다. 그러나 폐기물이 트럭 화물칸 상부에서도 사람 키 높이보다 더 올려 쌓다 보니 폐기물처리비용이 120만 원으로 올라갔고, 인력들도 작업시간 지연으로 1인당 일당을 15만 원으로 상향 요청해서 철거 비용만 165만 원이 지출되었다. 다음 사진들은 폐기물 처리 후 내부 사진들이다. 더 많은 자료를 남기지 못해 아쉽다.

| 물건 내부 |

출처 : 저자 작성

초보자의 좌충우돌 셀프 인테리어 도전기

이미 낙찰은 받았고, 어차피 수습은 내 몫이었다. 이왕 하기로 한 것이니 처음부터 직접 하나하나 해보기로 마음먹었다. 주방 싱크대 설치는 직접 할 수 없다고 판단해서, 싱크대 전문업체에 맡기기로 했고, 나머지는 직접 해보기로 했다. 정말 태어나서 난생처음 해보는 일들이었다. 싱크대 벽면 타일부터 붙여 보기로 했다. 기존에 있던 타일들이 여기저기 깨져서 모두 뜯어내야 했는데, 뜯어내는 작업이 더 힘들었다. 주방 타일을 뜯어내는 작업만 하루 2~3시간씩 3일이 걸렸다. 이 부분은 남편이 많이 도와주었다. 지나고 보니 외부노출 부분만 정리하는 것이라 초보라고 해도 1시간이면 충분했지만, 그때는 하나하나 배우고 해본 다는 심정으로 시간을 많이 들여 열심히 임했다. 타일 자르는 기계(타일 커터기)를 사서 직접 자르고, 벽면에 하나하나 붙였다. 쉽게만 생각했는 데 잘못 자르면, 쪼개지고 부서져 쉽지 않은 작업이었다.

| 싱크대 견적서 |

출처 : 저자 작성

주방보다도 진짜 총체적 난국은 화장실이었다. 화장실만 보면 어떻 게 해야 할지 숨이 막힐 지경이었다. 아파트를 처음 입주할 때부터 있었 던 듯한 욕조는 플라스틱 재질 같은데, 질겨서 깨지지는 않고 찢어지기 만 했다. 이건 너무 어려운 작업이라 욕실 전문가한테 맡기는 것이 좋겠 다 싶어 견적서를 받아보니, 화장실 천장 돔 설치와 폐기물 처리까지 합해서 220만 원이라고 했다. 아파트 시세를 생각하면 생각보다 수리비용이 비싸다는 생각이 들었다. 남편하고 상의한 끝에 같이 직접 고쳐 보기로 했다. 우선 그 욕조부터 떼어 내기로 했다. 그런데 예상대로 잘 깨지지도 않았고, 깨진 부분도 너무나 단단해서 철거가 쉽지 않았다.

욕조 철거부터 난관이었지만, 그래도 이왕 직접 하기로 마음먹었으니 끝까지 해보기로 했다. 8월이라 날씨가 더워 땀이 비 오듯 쏟아지고 욕조, 변기, 세면대까지 철거하는 데만 일주일이나 걸렸다. 타일 붙이는데 3일, 변기와 세면대, 거울을 설치하는 데만 2일, 주로 주말에 남편과 같이 작업하다 보니 화장실 고치는 시간만 거의 2달을 소비한 셈이다. 더군다나 철거 쓰레기도 문제였다. 계단식 아파트라 처음부터 끝까지 모든 쓰레기를 1층까지 일일이 손으로 운반해야 했다. 다음부터는 전문업체를 불러서 해야겠다는 생각이 간절히 들었다. 이렇게 110만 원에 화장실을 고쳤다. 보람은 있었지만 처음 해보는 나에게는 분명히 힘든 작업이었다. 타일은 공장형 도매점에서 이 정도로 싼가 하고 놀랄 정도로 저렴하게 구입했다. 나머지는 배보다 배꼽이 더 큰 상황이 되어버렸다.

타일값 : 50만 원(타일값 35만 원, 계단식이라 5층까지 옮기는 비용 15만 원)

거울 : 6만 원

세면대 : 8만 원

변기 : 12만 원

기타 부자재비 : 34만 원
_____

총 110만 원

화장실을 고치느라 진이 다 빠져서 장판, 도배는 업자에게 맡기기로 했다. 거실 전면 베란다의 흰색 페인트칠과 바닥 타일 작업은 직접 했다. 생각보다 타일 작업이 쉽지는 않았다. 일일이 줄 맞추기가 어려웠고, 모서리 부분은 잘라내야 했다. 오래된 아파트라서 이 부분은 전문가들이 해야 했다. 초보자가 하려니 시공하고 잘못되면 다시 뜯고 다시 시공하니, 시간이 열 배는 더 드는 것 같았다. 이렇게 인테리어 작업을 해놓고 보니, 현관 바닥 타일이 마음에 걸렸다. 이왕이면 신발장 타일도 새로 깔기로 했다. 시간과 비용은 들었지만, 현관 바닥도 예쁜 타일로 직접 작업했다.

이번에는 거실과 방에 달린 조명들이 눈에 거슬렸다. 시선이 자꾸 쏠렸다. 모든 것이 새집처럼 느껴지는데 등이 어둡고 옛날 등이라 침침해 보였다. 고민 끝에 등도 새로 달기로 했다. 유튜브도 보고 지인에게 자문도 구하면서, 조명도 차근차근 바꿔 나갔다. 조명도 규모가 있는 도매 매장에 가면 상당히 저렴한 가격에 살 수 있었다. 이렇게 해서 장장 석 달 정도 시간이 걸린 나의 첫 셀프 인테리어가 막을 내렸다. 초보자가 하려니 비용과 시간 모두 아쉬웠으나 많은 것을 느끼고 배울 수 있었던 보람찬 셀프 인테리어 경험이었다.

드디어 샤방샤방 멋진 집으로 변신하다

꽃단장하니 모든 것이 완벽했다. 이제 새 주인만 만나면 되었다. 그런데 바로 새 주인이 나타날 거라고 생각했는데, 집만 보고 매매가 이루어지지 않았다. 이상해서 부동산 중개사무소에 연락해봤더니, 거실과 베란다 사이에 내부 창틀이 없어서 사람들이 겨울에 추울 것 같다고 하며 매매를 꺼린다는 답변이 왔다. 그래서 500만 원을 깎아 줄 테니 직접 내부 창틀을 설치할지 의향을 물어봐달라고 했다. 하지만 집을 보러 온 사람들은 복잡하다고 다른 집을 알아보겠다고 했다.

나는 그때 사람들이 직접 공사하는 것을 싫어 한다는 것을 알게 되었다. 내가 직접 전문업체를 불러서 중간 창틀을 설치하고 매도해야겠다고 생각했다. 바로 업자를 불러 하루 만에 120만 원에 설치했고, 500만 원을 깎아주지 않고 다른 사람에게 매도했다. 그 창틀 하나로 380만 원을 번 것이다. 의외로 사람들은 움직이고 새롭게 신경 쓰는 것을 귀찮아한다는 사실을 그때 알았다. 직접 하면 저렴할 텐데, 사람들은 그조차도 귀찮아하는 것이다. 처음에 봤을 때 깨끗하게 인테리어 되어 있는 집을 선호했다. 하긴 나도 예전에는 그랬던 것 같다. 처음 내가 살 집을 보러 가는데, 누가 지저분하고 인테리어가 안 된 집을 사겠는가? 생각해보면 맞는 말이다. 사실은 저렴하게 사서 내 취향대로 인테리어를 하면 더 좋을 텐데 말이다.

| 인테리어 후 물건 내부 |

출처 : 저자 작성

| 최종 수익 |

(단위 : 원)

항목	지출	수입	최종 수익
매도가액		130,000,000	
낙찰가	96,500,000		
(경락잔금대출(80%))	(76,000,000)		
(개인 잔금)	(20,500,000)		
취득세 등 법무 비용	1,500,000		
수리비	6,250,000		
(폐기물 처리)	(1,650,000)		
(싱크대)	(1,800,000)		
(화장실)	(1,100,000)		
(조명)	(500,000)		
(창틀)	(1,200,000)		
대출이자 및 공실 관리비 등	3,070,000		
양도 사업소득세	3,701,000		
계	111,021,000	130,000,000	18,979,000

- 대출이자는 대출원금 7,600만 원의 3% 이자 적용

| 물건 등기사항전부증명서 |

[집합건물] 인천광역시 부평구   외 3필지   호

표시번호	소 재 지 번	지 목	면 적	등기원인 및 기타사항
	3. 인천광역시 부평구 산곡동	임야	387㎡	
	4. 인천광역시 부평구 산곡동	임야	90㎡	
2 (전 2)				1, 2 토지에 관하여 별도등기 있음 1997년10월13일
				부동산등기법 제177조의 6 제1항의 규정에 의하여 1번 내지 2번 등기를 2001년 08월 22일 전산이기

【 표 제 부 】 (전유부분의 건물의 표시)

표시번호	접 수	건 물 번 호	건 물 내 역	등기원인 및 기타사항
1 (전 1)	1997년10월13일	제5층 제504호	철근콘크리트조 59.18㎡	도면편철장 제3책44면
				부동산등기법 제177조의 6 제1항의 규정에 의하여 2001년 08월 22일 전산이기

12	소유권이전	2019년4월19일 제140721호	2019년3월20일 매매	소유자 김 -******* 인천광역시 연수구 동 거래가액 금96,500,000원
	10번 신탁등기말소		신탁재산의 처분	
13	11번압류등기말소	2019년4월25일 제146729호	2010년4월25일 해제	
14	소유권이전	2020년6월30일 제304540호	2020년5월25일 매매	소유자 유 -******* 인천광역시 부평구 거래가액 금130,000,000원

출처: 대법원 인터넷등기소

입지선택을 잘못해서
실패한 사례

    이번 사례는 인천 미추홀구에 있는 3층 소재 빌라다. 행정복지센터에서 전입세대열람내역서를 발급받아서 보니 전입세대는 없었다. 권리분석을 해보니 크게 문제가 될 것은 없어 보여서, 입찰해도 무방할 것 같았다. 집에서도 가깝고, 가격대도 1억 원 미만이었다. 층수도 마음에 들어 임장을 가보기로 했다. 입찰하기 전에 임장을 통해서 주변 현황을 살펴보기로 했다.

    물건지에 도착해서 보니 주차장은 상당히 미흡해 보였다. 경사도가 약간 있었지만 일단 빌라가 신축이고, 주차장만 빼면 겉으로 보기에 다른 큰 문제는 없는 듯했다. 주변 환경은 좀 낙후되어 있었다. 우편함을 보니 사람이 없는 것이 확실해 보였다. 우편물이 수북이 쌓여 있었고, 꽤 오랜 시간 동안 손길이 닿은 흔적이 없었다. 먼지 또한 수북이 쌓여 있었다. 현관문에서 벨을 눌러보고, 반응이 없자 문을 두드려서 사람이 있는지 확인했다. 아무런 반응이 없었다. 혹시나 저녁에 불이 켜져 있는지를 보기 위해서 다시 한번 저녁 늦게 확인을 했다.

임장 갔던 그날은 마침 일요일이라서 부동산 중개사무소 문이 닫혀 있었다. 유일하게 한 곳의 문이 열려 있어, 바로 들어가 시세 파악을 했다. 신축 빌라를 매도하려고 하는데 시세가 어떻게 되냐고 물었다. 그랬더니 사무소에 있던 두 분은 각각 사장과 실장이라고 하면서 이 동네에서 오래 중개업을 했고, 신축 빌라면 얼마든지 팔아 줄 수 있다고 했다. 금방이라도 매도해줄 수 있을 것처럼 자신 있게 말을 했다. 나는 그 말을 철석같이 믿고 3층을 덜컥 낙찰받았다. 바로 매매가 될 수 있을 것 같았기 때문이다.

경매 물건이 많이 나와 있는 폭탄 지역을 조심하자

주변 환경은 모두 낡은 빌라들로 빼곡했기 때문에, 이 신축 빌라는 가격만 맞으면 얼마든지 매도가 되겠구나 싶었다. 그러나 그것은 나만의 착각이었음을 나중에야 알았다. 그 지역은 이미 너무 낙후된 지역이었다. 그곳에 거주하고 있는 주민들 다수가 나이가 많거나 형편이 어려운 사람들만 모여 살고 있다는 것을 그때는 확인하지 못했다. 새로운 곳에서 이사 오지 않으면 그 동네 사람들은 신축 빌라를 살 만큼 형편이 되지 않았던 것이다.

그 주변은 경매 물건이 이미 많이 나와 있었던 지역이기도 했다. 흔히 말하는 '폭탄 지역'이었음을 나중에서야 알았다. 이 물건으로 부동산의 가치는 현재가치만을 보고 판단하면 안 된다는 것을 알 수 있었다. 미래 가치까지 예측할 수 있어야 한다. 학군이나 학원가, 역세권, 조망권, 생활환경, 문화환경, 기타 선호시설이나 혐오시설 등을 두루 살펴볼 수 있는 눈을 기르는 것이 필수인 것이다. 미래까지 예측할 수 있어야 투자를 제대로 할 수 있다는 것을 알았다.

부동산 중개사무소 말은 100% 믿지는 말자!

그때 부동산 중개사무소를 한 군데만 갔던 것도 실패 요인이었다. 현재 시세를 파악하려면, 적어도 물건지 주변 3~4개의 부동산 중개사무소를 방문해서 현재 거래되는 급매물이 얼마인지 파악해야 한다. 이때 전세 시세와 월세 시세도 함께 파악해놓으면 좋다. 급매물이 다른 물건과 차이가 없다면 그것은 급매물이 아닌 것이다. 이런 주택을 매수한다면 단기간에 매도해서 시세차익을 보거나 미래가치를 기대하기 어렵다. 그러므로 실수요자가 아니면 피하는 것이 좋다.

임장했던 그날이 마침 일요일이어서, 중개사무소 한 군데만 들러서 시세를 파악했었다. 사장님 말을 너무 믿었다. 낙찰을 받고 잔금을 모두 치른 후 다시 중개사무소를 방문했을 때도 사장님과 실장님은 분명 그때와 같은 사람이었다. 그런데 매매 가능성에 대해, 처음 임장 때와 사뭇 다르게 너무 회의적으로 이야기를 했다. 나는 매도자 입장이었고, 중개사무소 사장님은 매수자 입장이었다. 매매라는 것은 매도자는 비싸게 팔고 싶고, 매수자는 싸게 사고 싶은 입장의 차이를 잘 파악해야 한다. 낙후된 입지로 인해 다수의 물건이 장기간 거래가 안 되었던 지역이었다. 신축 건물이라 쉽게 매매될 수 있다고 안일하게 생각했던 것이 착오였다.

| 물건상세입찰 결과 |

▌상세입찰결과

물건관리번호	2019-0100-	기관명	교보자산신탁(주)
물건명	인천광역시 미추홀구 호 다세대주택		
공고번호	201906-20739-00	회차 / 차수	007 / 001
처분방식	매각	입찰방식/경쟁방식	최고가방식 / 일반경쟁
입찰기간	2019-07-15 10:00 ~ 2019-07-15 17:00	총액/단가	총액
개찰시작일시	2019-07-16 09:30	집행완료일시	2019-07-16 09:39
입찰자수	유효 1명 / 무효 0명(인터넷)		
입찰금액	비공개		
개찰결과	낙찰	낙찰금액	80,800,000원
감정가 (최초 최저입찰가)	136,000,000원	최저입찰가	80,000,000원
낙찰가율 (감정가 대비)	59.41%	낙찰가율 (최저입찰가 대비)	101%

출처 : 온비드

| 물건 외부 |

출처 : 저자 작성

입찰하려는 물건과 사랑에 빠지지 말자

입찰하려는 물건과 사랑에 빠지면 안 된다. 내게는 이 물건이 딱 그 사례다. 낡은 빌라들 속에서 유독 신축 물건이라 처음부터 사랑에 빠져버린 물건이었다. 이 물건은 조금 더 싸게 내놓아야 매매가 될 거 같아서 조금 손해를 보고서라도 빠르게 매매를 진행했다. 이렇게 공매를 하다 보면 모두 성공할 수는 없다. 입찰 전 너무 성급한 판단은 손해를 가져다주기도 한다. 충분한 임장조사와 주변 수요와 공급까지 매수자 입장과 매도자 입장을 모두 포괄해서 입찰을 결정해야 한다. 그래야 많지 않은 투자금을 잃지 않고 지킬 수 있으니 말이다.

비록 중개사무소와 입장의 차이로 의도가 엇갈렸지만, 그 이후로 나는 그들과 파트너 사이가 되었다. 그들은 내게 부동산 투자 정보를 제공하는 좋은 관계를 유지하고 있다. 지금 현재도 부동산을 관리해주고 있다.

앞으로는 솔직하게 공매 물건을 보러 왔다고 말을 하면 좋을 것 같다. 귀찮아하는 중개사무소 사장님들이 있지만, 혹시 모를 미래에 단골손님이 될 수 있으니 친절하게 대해주시는 사장님들도 있다. 하지만 공매에 대해 설명해드려도 잘 모르는 경우도 흔하다. 그럴 때는 그냥 경매라고 이야기하며 넘어가는 것도 답이다.

투자하면서 수익창출도 중요하지만, 더 중요한 것은 가진 투자금을 잃지 않는 것이다. 부동산 투자를 하다 보면 돈이 나갈 곳이 많다. 특히 물건에 하자가 있다면 더욱 그렇다. 잘못된 선택을 하면, 취득세, 보유세, 양도세, 중개수수료, 법무비, 미납관리비, 명도비, 수리비, 인테리어비 등 기타 잡비로 인한 많은 부대비용이 들어가기 때문에 단순히 부동산 가격만 보거나 신축 물건이라고 해서 괜찮은 물건이라고 단정 짓지 말아야 한다.

잘못 낙찰받으면 오히려 손실이 날 수도 있으니 신중히 처리해야 한다. 이런 부대비용을 제외하고도 수익이 날 물건인지 전반적인 것을 확인하고 신중하게 입찰을 해야 한다.

| 최종 손실 |

(단위 : 원)

항목	지출	수입	최종 손실(-)
매도가액		80,000,000	
낙찰가	80,800,000		
(경락잔금대출(76%))	(61,000,000)		
(개인 잔금)	(19,800,000)		
취득세 등	1,163,800		
수리비	170,000		
(열쇠 교체)	(170,000)		
대출이자	2,135,000		
중개수수료	320,000		
양도 사업소득세(손실)	0		
계	84,588,800	80,000,000	(▼) 4,588,800

입찰 전에 잔금대출 가능 여부를 사전에 확인하자

또한, 다음 경우도 조심해야 한다. 부동산을 낙찰받고 잔금 납부를 하려는데, 해당 은행에서 대출이 나오지 않는 경우 잔금 납부를 못해 입찰 보증금을 잃을 수도 있다. 경락잔금대출은 물건에 하자가 있으면 은행에서 대출이 안 되기 때문이다. 하자가 회복이 불가능하다고 판단되면 대출을 해주려 하지 않는다. 이런 경우를 사전에 방지하기 위해 공매 입찰 전 미리 상담을 통해 대출 가능 여부를 확인하고 입찰에 임해야 한다. 이런 실수는 절대 일어나서는 안 된다. 투자금이 많지 않을 때는 더욱 신중해야 한다. 요즘은 특히 더 주의해야 한다. 대출 규제가 심해졌기 때문이다. 나는 미리 대출 상담사와 상담하고 입찰하는 습관을 들였기 때문에 현재까지 이런 일은 일어나지 않고 있다. 주변에서 이런 안타까운 일이 간혹 일어나는 것을 봤기 때문에 철저한 준비가 필요하다.

🔆 Tip   입찰 전 유의사항

1. 입찰하려는 물건과 사랑에 빠지지 말자.
2. 부동산 시장은 한 달 사이에도 수시로 변하므로 철저하게 실거래가를 정확하게 파악하자.
3. 전세, 월세 시세도 철저히 조사해서 매매되지 않을 경우를 대비하자.
4. 반드시 입찰 전에 대출상담을 받자.
5. 낙찰받고 오면 무조건 매도해주겠다고 하는 중개사무소 사장님 말은 100% 믿지 말자.

낙찰받고 한 달 만에
월세 100만 원 받기

비밀번호를 알려주며 점유자가 집을 보라고 했던 사례를 소개한다. 경기도 광주 초월읍 대쌍령리 쪽에 4층 빌라를 낙찰받았다. 이 물건은 명도 과정에서 가장 기억이 남는 물건 중 하나다. 9회 차 입찰가 1억 8,700만 원에 350만 원 더 써서 1억 9,050만 원에 1등으로 낙찰받은 기분 좋은 물건이다.

점유자와 통화하는 과정 중 무난하게 명도가 이루어질 것 같은 생각이 들어 혹시 집 내부를 볼 수 있냐고 물었다. 점유자는 흔쾌히 보여주겠다며, 약속장소와 시간을 알려주면 나오겠다고 했다. '혹시나 점유자가 다른 생각을 가지고 약속을 어기지 않을까?' 하는 염려스러운 생각과 '이렇게 순순히 협조적인 점유자도 있구나' 하는 마음을 동시에 가졌다. 명도하면서 이런 경우는 처음이었다. 더군다나 점유자가 전 소유자였기 때문에 더욱 조심스러웠다.

나는 망고 한 박스를 사서 만나기로 한 날짜와 시간에 맞추어서 도착했다. 이렇듯 점유자를 직접 만날 때는 빈손으로 가기보다는 과일이나 음료수 등을 사서 가면, 명도 협상 분위기를 부드럽게 만들 수 있어 좋다. 처음 대면했을 때 어색함을 조금이나마 줄일 수 있다. 명도 과정에서 이것도 하나의 팁이다.

도착해서 전화를 걸었더니 사업상 다른 약속 때문에 바빠서 만날 수 없을 것 같으니 선뜻 비밀번호를 알려 주면서 집을 보라고 했다. 이 또한 의외였다. 이렇게 비밀번호를 알려 주며 집을 보라고 하는 사람 역시 명도하면서 처음 겪는 일이었다.

꼬리 흔들며 반기는 하얀색 강아지 두 마리

현관 앞에 도착해서 비밀번호를 누르고 들어가야 하는데, 걱정이 살짝 밀려 왔다. 이전에 쓰레기로 난장판이 되어 있던 집을 낙찰받았던 기억이 났기 때문이다. '이 집은 설마 아니겠지' 하며 들어갔다.

현관은 깔끔하게 정돈되어 있었고, 흰색 강아지 2마리가 짖지도 않고 꼬리를 흔들며 반겨주었다. 처음 보는 낯선 사람인데도 어쩜 이렇게 알던 사람처럼 반길까? 순간 이 강아지들 때문에 두려움이 살짝 가시기도 했다. 얼마나 정이 그리웠으면 이리도 반길까? 그 모습이 너무 예뻐서 옆에 있는 사료까지 챙겨 주었다.

집 내부는 너무도 깨끗했다. 강아지들을 키우는 집 같지 않게 정리가 잘되어 있었다. 벽지 하나 뜯어진 곳이 없었고, 주방 또한 고급스러운 인테리어로 시선을 끌었다. 그리고 이 집은 복층이었다. 내부 계단을 따라 올라가니 계단과 손잡이 난간은 원목으로 설치되어 있었다. 복층은 층고가 높아서 허리를 숙이고 다니지 않아도 되었다. 보일러와 화장실, 보조

주방까지 개별 공간으로 설치가 되어 있어서 또 다른 거실과 방을 하나 구성하고 있었다. 또 하나의 장점은 4층이라 그런지 옥상 테라스가 있어서 독채별장처럼 사용해도 될 것 같았다. 날씨 좋은 날에는 바비큐 파티를 즐기기 좋은 장소였다. 부동산 중개사무소에 들러 물어보니 엘리베이터가 설치되어 있고, 이런 복층은 다른 층보다 3,000~4,000만 원 정도 더 비싸게 매매할 수 있다는 정보를 들을 수 있었다. 처음 임장할 때 복층이 있다는 것을 확인했지만 창고 수준일 거라고 생각했지, 이처럼 좋은 복층일 거라고는 생각하지 못했다.

| 물건정보 |

출처 : 온비드

| 상세 입찰결과 |

상세입찰결과

상세입찰결과

물건관리번호	2020-0800-	기관명	교보자산신탁(주)
물건명	경기도 광주시 초월읍 ████████ 1필지 402호 다세대주택		
공고번호	202104-12117-00	회차 / 차수	004 / 001
처분방식	매각	입찰방식/경쟁방식	최고가방식 / 일반경쟁
입찰기간	2021-05-13 10:00 ~ 2021-05-13 17:00	총액/단가	총액
개찰시작일시	2021-05-14 09:03	집행완료일시	2021-05-14 09:40
입찰자수	유효 2명 / 무효 0명(인터넷)		
입찰금액	비공개		
개찰결과	낙찰	낙찰금액	190,500,000원
감정가 (최초 최저입찰가)	324,000,000원	최저입찰가	187,000,000원

출처 : 온비드

| 공매 공고 |

1. 공매 대상 부동산의 표시

일번 번호	물건 번호	소재지/지번/건물번호	구분/ 용도	면적(㎡)	비고(전입세대·등록사항 열람내역 등)
1	(1)	경기도 광주시 ████ 다세대주택 ███호 다세대	다세대	57.575	• 전입세대(2019-11-08 윤**)

2. 입찰차수별 최저 입찰금액

단위 : 원, 부가가치세 **없음**

일번 번호	최저 입찰금액 (1~4차)					
	1차	2차	3차	4차	(없음)	(없음)
1	245,000,000	223,900,000	204,600,000	187,000,000	–	–

3. 입찰 일정

입찰차 수	입찰기간	개찰일시
1차	2021-05-10 10:00 ~ 17:00	2021-05-11 09:00 이후
2차	2021-05-11 10:00 ~ 17:00	2021-05-12 09:00 이후
3차	2021-05-12 10:00 ~ 17:00	2021-05-13 09:00 이후
4차	2021-05-13 10:00 ~ 17:00	2021-05-14 09:00 이후

4. 공매 장소 등
   (1) 입찰 장소 : 인터넷 전자입찰(www.onbid.co.kr) / **입찰번호별 매각**
   (2) 낙찰 후 계약장소 : 서울특별시 강남구 테헤란로 ▓▓▓▓▓▓▓▓
   (3) 공고 장소 : 온비드 게시판(www.onbid.co.kr) 및 당사 홈페이지
   (4) 문의처 : (02) ▓▓▓▓▓▓▓

출처 : 온비드

너무나도 호의적인 점유자

이제는 명도가 걱정되었다. 이 빌라는 어떤 복병이 숨겨져 있을까? 늘 예상치 못한 일들이 생기는 것이 명도이기 때문에 걱정이 먼저 앞섰다. 집을 너무 순순히 보여주기도 하고, 이미 포기한 듯 경계나 거부감이 없었기 때문에 큰 문제는 없어 보였다. 차근차근 문자 메시지와 전화 통화로 무난하게 대화를 진행하다 보니 이 집 점유자는 무척 예의 바른 사람이었다.

코로나19로 거래처에 수금이 어려워 안타까울 정도인 점유자는 무척이나 힘들다고 했다. 그런 처지에도 불구하고 당연히 집을 비워줘야 하는 것으로 알고 적극적으로 협조해주었다. 안타까운 사연을 뒤로하

고 언제쯤 집을 비워줄 수 있냐고 물었다. 한 달 여유를 주면 그동안 이사할 집을 구해서 나가겠다고 했다. 믿을 만한 사람인 거 같아서 내용증명이나 법적 절차 없이 한 달 여유를 주고 기다렸다.

| 물건 호별 배치도와 내부 이용도 |

출처 : 감정평가서

월 임대료 100만 원 제시하는 점유자

한 달이 지나도 연락이 없었다. 불안해지기 시작했다. 혹시 마음이 변한 건 아닐까? 이사비를 많이 요구하기 위한 것일까? 마냥 기다릴 수가 없어 연락했다.

필　자 : "사장님, 이사 일정은 정해지셨나요?"

점유자 : "정말 죄송합니다. 집을 못 구했습니다!"

필　자 : "한 달 여유를 달라고 해서 믿고 기다렸는데 저희도 곤란한
　　　　 상황입니다!"

사정 이야기를 들어보니 수금이 안 되어 집을 구하기가 힘들다고 했다. 약속을 지키지 못해 죄송하다며 당분간 월세 100만 원을 지급할 테니 몇 개월만 봐달라고 사정을 하는 것이다. 이대로 시간이 길어지면 점유자가 마음이 바뀌어 못 나가겠다고 할 수 있는 상황이 될 수도 있어 고민이 되기 시작했다. 하지만 나는 믿어 보기로 했다. 나쁜 마음을 갖고 있었더라면 처음부터 그렇게 호의적이지 않았을 것이다. 그리고 월세 100만 원이면 나쁘지 않았다. 겨울이기도 하고 비수기이기도 해서 지금 집을 내놓아도 봄까지는 빠지지 않을 것 같긴 했다. 편의를 봐 주기로 하고 월세 100만 원으로 협의를 했다.

내년 5월까지 월세를 받기로 협의를 하고 명도 합의서를 작성했다. 그래서 지금까지 월초면 통장으로 100만 원이 꼬박꼬박 입금된다. 이 집은 대출이자 약 38만 원을 제하고 나면, 순수익은 약 61만 원이 남는다. 나의 단기매도 계획에 약간의 차질이 있었지만, 이 정도면 괜찮은 수입이란 생각이 들었다.

테라스에서 바라본 확 트인 시야와 함께 이 빌라의 위치를 가늠해볼 수 있었다. 이 빌라는 3번 국도와 인접해 있어 어디든 빠르게 갈 수 있어 좋았다. 성남, 분당, 잠실, 강남 등 서울로 나가는 버스와 광주와 이천

시내로 나가는 버스노선도 잘되어 있어서 생활여건이 좋은 빌라였다. 점유자에게는 안타까운 일이지만, 이 물건도 좋은 주인을 만날 날이 얼마 남지 않았다.

| 투자 수익 결과 |

(단위 : 원)

구분	금액	비고
임대료(월세)	1,000,000	낙찰금액　　　　: 190,500,000 대출금액(80%) : 152,000,000 낙찰잔금(20%) :　38,500,000 (본인 투자금)
월 대출이자(3.02%)	382,533	
월세 순수입	617,467	
연간 순수입	7,409,604	

| 연간 투자 수익률 |

$$\frac{연간순수입　7,409,604}{개인 투자금 38,500,000} = 19.2\%$$

| 물건 내부 |

출처 : 저자 작성

출처 : 저자 작성

임대수익이냐? 매도수익이냐?

자금 사정으로 인한 투자 대상을 고려해야 했다. 공매 물건은 아파트, 빌라, 오피스텔, 상가, 토지 등 여러 가지 물건이 다양하다. 나는 일단 투자금이 적게 들어가고 쉽게 접근할 수 있는 빌라로 선택했다. 누구나 선호하는 아파트 같은 경우는 투자금이 많이 들어간다. 또한, 높은 경쟁률로 인해 낙찰가가 거의 현 시세에 근접해서 낙찰되는 경우가 많다. 적정한 수익을 기대하기 어려워서 나에게는 맞지 않았다. 처음에 아파트도여러 번 해봤지만, 매번 높은 낙찰가로 인해 패찰하기 일쑤였다. 가진투자금으로는 금액 규모도 너무 크고 수익률도 기대하기 어려웠다.

'낙찰 한번 받아 봤으면…' 하는 기대감도 있었지만 금액을 높게 낙찰받아서 수익률이 적다면 본질적인 수익 창출 목적에 맞지 않기 때문이다. 여러 가지 사항 등을 고려해볼 때 건물 신축연한이 적은 비규제지역빌라로 방향을 잡았다. 연식이 오래되지 않은 빌라는 비교적 신속하게매도도 가능하고 수리비용도 거의 들지 않아 수익률이 높기 때문이다.

부동산 공매를 하면서 월세를 받는 임대수익보다 싸게 낙찰받아 적정한 금액으로 매도하고 그 차익을 얻는 방법으로 투자 방향을 정했다. 이 물건이 유일하게 월세를 받는 물건이다. 임대 수익을 얻는 투자 방향은 내가 추구하는 투자 성향과는 맞지 않는다는 것을 알았다. 여러 물건을 해본 결과, 건축 연식이 오래된 빌라 같은 경우에는 보일러, 곰팡이, 누수, 역류문제 등 꾸준한 관리의 문제도 있었고, 세입자한테 전화가 걸려올 때마다 그것을 해결하느라 스트레스를 받아야만 했다.

덥다고 에어컨 설치해달라는 전세 임차인

2021년 여름에는 전세 임차인이 더워서 못 살겠다며 에어컨을 설치해달라는 경우도 있었다. 그 외에도 요구 사항이 너무 많았다. 고쳐야 할 것이 많다는 이야기였다. 이런 집은 나중에는 잘 팔리지도 않을뿐더러 공실로 갈 확률도 높다. 대출이자를 제외하고 나면 실질적인 수익도 적었다. 그렇기 때문에 아직은 나는 임대수익을 선호하지 않는다. 하지만 이 부분은 개인적인 투자 성향이나 취향일 뿐이다. 주변이나 언론에서 낙찰가가 아주 낮은 빌라를 20~30채 낙찰받아 임대수익으로 고정적인 수입을 얻는 투자자도 있기 때문이다.

재테크에 있어서 정답은 없는 것 같다. 투자 시점이나 미래의 기대가치를 판단해 본인의 취향에 맞게 하면 되는 것이다. 규제가 심한 조정지역에서도 공시가 1억 원 이하의 주택에는 취득세가 중과되지 않는 점을 이용해 투자하는 방법도 있다. 이렇듯 자금 규모, 정부규제, 향후 시장 전망, 본인의 투자 성향에 따라 투자 방향은 얼마든지 달라질 수 있다.

나만의 투자 방향을 찾아 꾸준히 노력해야 한다

투자 시 정확한 시세 파악도 해야 하고, 매매가는 월세와 경기 흐름에 예민하게 반응하기 때문에 매매수익이나 임대수익을 적절히 배분해야 한다. 하지만 한 번의 매도로 많은 수익을 남길 수 있기 때문에 나는 아직은 비규제지역 위주의 단기매매 쪽으로 치중하고 있다.

부동산 투자는 향후 부동산 정책이나 경기변동에 따라 예상하기 어려운 일들이 일어날 수 있다. 본인의 성향에 따라 투자 방향을 정하면 된다. 남이 좋다고 해서 무작정 따라 하거나, 나와 맞지 않는다고 해서 비난할 일이 아니라 참고하고 좋은 것들만 받아들이면 된다. 본인의 상황과 투자금에 따라 적절한 물건을 찾아 꾸준히 노력하면 되는 것이다. 다만, 주변 고수들은 자금에 물건을 맞추지 말고, 물건에 자금을 맞추라고 한다. 이 역시 중요한 투자 지침이라고 생각된다.

옆에서 누가 뭐라고 해도 자신이 선택한 투자 방향이 맞는다고 확신한다면 자신감도 얻을 것이고 수익률도 더 좋아질 것이다. 물론 여러 가지 공부를 병행하며, 꾸준히 다른 사람들의 투자 방법과 나의 투자를 비교하고 지속해서 발전해나가야 하는 것은 너무나도 당연하다. 내 주변부터 관심을 두고 아파트이든, 빌라이든 어떤 대상이라도 나에게 맞는 투자처를 찾고 노력해야 한다. 다양한 부동산 정책에 관심을 두고 지속해서 여러 책과 선배 투자자들의 노하우를 교과서로 삼아 공부하고 찾아간다면 분명 길은 보일 것이다.

공매의 최종목적은 수익 창출이다

낙찰받을 때 좋은 물건이란 어떤 물건을 말하는 것일까? 입찰 전에는 나중에 계획이 수정되더라도 단기매매와 장기보유, 전세와 반전세 및 월세에 대한 계획을 먼저 세워두어야 한다. 그리고 현재 사용되고 있는 물건의 이용 상태를 수리 및 개조해서 다른 물건으로 변경한 후 새로운 목적에 맞게 적용하는 것을 생각하고 검토해볼 수 있어야 한다.

낙찰은 처음부터 돈 되는 물건을 낙찰받아야 한다. 당연히 돈 되는 물건이 좋은 물건이다. 이 간단한 것을 가끔 잊어버리는 사람들이 있다. '낙찰을 위한 낙찰'을 받기 위해 지나치게 높은 금액으로 입찰하는 사람들이 있으니 말이다. 부동산 중개사무소 등으로 발품만 열심히 팔면 그 금액 이하로 살 수도 있는 물건인 것이다. 낙찰을 받긴 받았는데 입찰가가 높아서 과다 투자가 발생한다면 수익이 나기 어려울 것이다. 잦은 패찰을 경험하다가 무조건 낙찰받을 욕심에 고가 입찰해서 낙찰받으면 상처뿐인 영광인 것이다.

낙찰받기 좋은 물건 여부를 판단할 때는 우선 공매로 얼마만큼의 수익을 창출해낼 수 있는지가 중요하다. 낙찰 후 현재 또는 미래의 기대가치에 비해 싸게 받았으면 좋은 물건이고, 비싸게 받았으면 좋은 물건이 아니다. 추후 수익률이나 기대될 수익 금액을 미리 추정하고 계산한 후 입찰가를 적정하게 써야 한다. 그래야 나름의 기대하는 수익을 누릴 수 있는 것이다. 싸게 낙찰을 받으면 명도할 때 이사비를 더 챙겨 준다든지 선심을 쓸 수가 있다. 이사 기한을 좀 더 주더라도 마음의 여유가 생긴다. 공매는 물건을 싸게 낙찰받는 것이 최고인 것이다.

초보자들은 아파트를 선호한다. 빌라는 좋지 않은 물건으로 보는 경우가 많다. 하지만 빌라도 잘만 고르면 좋은 수익처가 될 수 있다. 요즘은 아파트 가격이 만만치 않다. 아파트가 쉬워 보이기도 하고, 매매가 잘될 것 같아서 아파트를 선호한다. 하지만 경쟁률이 높다 보니 당연히 입찰가는 실거래가에 근접해서 올라가기 마련이다.

인천 연수구에 있는 15층 소재 아파트가 눈에 띄어 입찰하기로 하고, 적당한 가격에 입찰을 넣었다. 그런데 낙찰가가 실거래가보다 훨씬 높게 낙찰되었다. 나의 입찰가는 낙찰가에 비하면 너무나 터무니없는 가격이었다. 경쟁자가 34명이나 붙은 물건이었다.

무슨 생각으로 저렇게 높은 가격에 가져가는지, 수익이 과연 날지 의문이었다. 현실적으로 높은 가격을 써내는 입찰자들 때문에 번번이 패찰은 하지만, 그래도 높은 가격에 낙찰받아서 수익이 없다면 무슨 소용이 있겠는가?

| 물건 외부 |

출처 : 저자 작성

| 상세 입찰결과 |

▌ 상세입찰결과

물건관리번호	2018-12558-001		
재산구분	압류재산(캠코)	담당부점	인천지역본부
물건명	인천광역시 연수구 연수동 ****		
공고번호	201905-16740-00	회차 / 차수	029 / 001
처분방식	매각	입찰방식/경쟁방식	최고가방식 / 일반경쟁
입찰기간	2019-07-29 10:00 ~ 2019-07-31 17:00	총액/단가	총액
개찰시작일시	2019-08-01 11:01	집행완료일시	2019-08-01 11:08
입찰자수	유효 34명 / 무효 3명(인터넷)		
입찰금액	135,000,000원/ 132,470,000원/ 131,500,000원/ 130,831,626원/ 129,900,000원/ 129,340,000원/ 128,210,000원/ 127,800,000원/ 127,500,000원/ 127,100,000원/ 126,780,000원/ 126,410,000원/ 126,000,000원/ 125,910,000원/ 125,770,000원/ 125,480,000원/ 125,444,000원/ 125,236,543원/ 125,200,000원/ 125,100,000원/ 125,050,000원/ 125,000,000원/ 124,150,000원/ 123,920,000원/ 123,800,000원/ 123,599,000원/ 123,471,000원/ 123,456,789원/ 123,333,900원/ 123,100,000원/ 123,015,000원/ 122,923,000원/ 122,368,900원/ 122,000,000원		
개찰결과	낙찰	낙찰금액	135,000,000원
감정가 (최고 최저입찰가)	174,000,000원	최저입찰가	121,800,000원

출처 : 온비드

| 물건상세정보 |

전용면적(㎡)	계약일	해제 여부	해제사유 발생일	거래금액(만원)	층	거래유형	중개사 소재지	전산공부
51.75	31			16,500	12	-	-	보기
36.27	30			11,000	11	-	-	보기
51.75	30			15,500	9	-	-	보기
51.75	29			14,000	15	-	-	보기
51.75	27			14,000	15	-	-	보기
51.75	10			15,500	9	-	-	보기

출처 : 국토교통부 실거래가 공개시스템

겉으로 보기에 깔끔하고 좋아 보인다고 해서 좋은 물건이 아니다. 겉으로 낡아 보인다고 해서 나쁜 물건도 아니다. 초보자들은 아파트만 보지 말고 수익을 낼 수 있는 물건들이 다양하다는 것을 알고 도전해보는 것도 좋을 것이다.

하지만 투자금이 많지 않은 필자는 한곳에 투자해놓고 20~30년을 기다리는 것은 감나무 밑에서 입 벌리고 감 떨어지기만을 기다리는 것만큼 답답한 것이다. 최소한 1년에 한두 건이라도 눈에 보이고, 손에 잡혀야 투자한 목적과 보람을 느낄 수 있었다.

높은 입찰가로 낙찰받으면 수익은 그만큼 줄어든다. 그래서 눈길을 돌려봐야 한다. 최근 활성화되고 있는 수도권 내 또는 주변 비규제지역의 물건에서도 얼마든지 수익 창출을 노려볼 수 있다.

연식 짧은 다세대주택을 선호한다

필자는 연식이 짧은 다세대주택을 선호하는 편이다. 그 이유는 다음과 같다.

첫째, 당연히 사람들은 깨끗한 것을 선호한다. 일단 수리비용이 들지 않아서 좋다. 오래된 빌라를 낙찰받아서 수리도 해봤고, 매도도 해봤다. 비용과 시간 관리가 너무 힘들다. 그 과정을 거치면서 많은 것을 배운 결과, 연식이 짧은 것이 좋다.

둘째, 세금 면에서 혜택을 볼 수 있다. 1억 원 이하는 취득세를 줄일 수 있고, 취득세, 양도소득세 등 일부 규제를 받지만 피해 갈 방법이 있다. 이자와 각종 수리비용으로 인정받을 방법, 양도세 또한 중과되지 않고 일반세율로 과세되는 방법을 찾아서 하고 있다.

셋째, 단기 매도하기도 쉽다. 너무 오래 매매가 되지 않으면 자금이 묶이기 때문에 수익률과 자금 회전에 문제가 발생할 수 있다.

넷째, 나의 금전적인 상황을 봤을 때, 아파트보다 소액으로도 투자할 수 있었기 때문이다.

다양한 투자 책도 읽고 스스로 맞는 투자 방향을 정했다면 확신을 가지고 꾸준히 노력해야 한다. 제대로 공부도 하지 않고 시작하면 안 된다. 시작은 하되, 어느 정도 준비된 과정을 통해서 배워야 한다는 것이다. 임장은 필수고, 남의 말은 쉽게 믿으면 안 된다. 항상 조심하는 습관을 들이며, 기초적인 지식부터 하나씩 차근차근 습득하다 보면 반드시 좋은 결과가 있을 것이다.

부동산 공매는 수익 창출을 목적으로 하는 투자 개념이기는 하지만, 어떻게 보면 전체적인 부동산 시장에 대한 흐름을 이해하는 데 많은 작용을 하기도 한다. 그만큼 가치가 있는 분야다.

공매는 지금도 현재진행형! 밝게 변해가는 나의 삶

투자하다 보니 나도 모르게 변해가고 있는 나를 볼 수 있었다. 자신만의 마인드와 규칙이 생기고, 내 삶을 내가 스스로 조율할 수 있게 되는 것이다.

내 삶의 주인은 나다. 부자가 되기를 바라고 그 목표를 이룰 때까지 포기하지 않아야 한다. 자신을 믿고 그 꿈을 이룰 때까지 열정이 식지 않는다면 반드시 성공한다.

공매의 목적은 반드시 수익 창출이며, 부자가 되기 위한 나의 가장 중요한 재테크 수단인 것이다. 돈이 없어도 행복하다는 사람들이 있다. 하지만 분명한 것은 꼭 필요할 때 돈이 없다면 비참함과 절박함을 느끼게 된다. 그 감정과 기분은 당해보지 않은 사람들은 모를 것이다. 그래서 돈은 있는 것이 훨씬 낫고, 가난한 것보다는 부자인 것이 더 좋다.

아이 셋을 키우면서 열심히 절약하며 살았다. 한겨울에 난방비가 아까워서 보일러 온도를 높이지 못했다. 여름에는 전기료가 아까워서 에어컨이 있음에도 불구하고 켜지를 못했다.

돈에 맞추어서 사는 삶이 얼마나 초라한지 모두 알고 있을 것이다. 늘 아끼고 절약하는 삶을 살아도 그 자체로 부자가 되지는 못했다.

이제는 아끼는 것만이 전부가 아님을 알았다. 부자가 되기 위해서 열심히 발로 뛰어다녔고, 절약이 아닌 수입을 늘리는 것에 최선을 다했다. 그렇게 공매는 수익 창출의 수단이 된 것이다. 부지런히 움직이면 더 많은 수익을 낼 수 있었다. 그만큼 열심히 공부하고 더욱 부지런히 움직였다. 그 결과 월세, 전세를 받기도 하고 단기매매로 수익도 내면서 앞으로 더 큰 부자가 될 것이다.

나는 아직 큰 부자는 아니다. 하지만 조금만 더 노력하면 내가 목표했던 기준에는 도달할 수 있을 것이다. 부자로 살기 위해서는 지출을 줄이는 것이 아니라, 수입을 늘리는 것이 훨씬 쉽고 재미있다. 더 현명한 방법이라는 것을 말하고 싶다. 나는 부동산 공매로 삶이 변해가고 있다.

부동산 세금 I
취득세와 보유세(재산세 및 종합부동산세)

취득할 때 : 취득세, 지방교육세, 농어촌특별세

부동산을 취득하면 취득세를 내야 한다. 취득세는 실거래가에 취득
세율을 곱해서 계산한다. 취득세율은 세대별 주택 수 및 취득가에 따라
달라지며, 여기에 지방교육세와 전용면적 85㎡(25평) 초과 여부에 따라
추가로 부과되는 농어촌특별세가 최종 취득 관련 세금이 된다.

예를 들어 나명석 씨가 서울시 아파트(면적 90㎡)를 10억 원에 취득했
다면, 관련 세금은 얼마일까? 나 씨가 기존에 부모님이 거주하시는 비
조정대상지역에 일반주택 1채가 있다고 가정하자. 이렇게 되면 신규취
득 아파트는 조정지역 내 2주택에 해당하며, 면적도 85㎡를 초과하게
되어 농어촌특별세도 별도로 발생한다.

| 10억 원 아파트(90㎡, 지방에 주택 1채 보유 중) 취득 시 발생세금 |

발생 세목	적용세율	세액(단위 : 원)
취득세율 (2주택·조정대상지역)	8%	80,000,000
지방교육세	0.4%	4,000,000
농어촌특별세	0.6%	6,000,000
합계	9.0%	90,000,000

같은 거래금액이더라도 1주택일 경우 취득세율은 3%(지방교육세 0.3% 및 농어촌특별세 0.2% 추가)가 적용된다. 이때, 총세금은 3,500만 원으로 대폭 감소하게 된다. 문재인 정부는 강력하게 다주택 억제정책을 펼쳤다. 그래서 서울 및 수도권의 똘똘한 1채로 시선이 쏠리는 것이다.

| 주택 유상취득(매매) 관련 세율 |

분류	주택 수·지역 구분		취득세	지방 교육세	농어촌 특별세	계 85㎡이하	계 85㎡초과
개인	1주택	6억 원 이하	1%	0.1%	0.2%	1.1%	1.3%
		6억 원 초과 9억 원 이하	1~3%	0.1~ 0.3%	0.2%	1.1~ 3.3%	1.3~ 3.5%
		9억 원 초과	3%	0.3%	0.2%	3.3%	3.5%
	2주택	조정대상지역	8%	0.4%	0.6%	8.4%	9.0%
		비조정대상지역 6억 원 이하	1%	0.1%	0.2%	1.1%	1.3%
		비조정대상지역 6억 원 초과 9억 원 이하	1~3%	0.1~ 0.3%	0.2%	1.1~ 3.3%	1.3~ 3.5%
		비조정대상지역 9억 원 초과	3%	0.3%	0.2%	3.3%	3.5%
	3주택	조정대상지역	12%	0.4%	1.0%	12.4%	13.4%
		비조정대상지역	8%	0.4%	0.6%	8.4%	9.0%
	4주택 이상		12%	0.4%	1.0%	12.4%	13.4%
법인	주택 수 관계없음		12%	0.4%	1.0%	12.4%	13.4%

- 6억 원 초과 9억 원 이하 주택 취득세율 계산식

: (취득당시가액(억 원)× $\frac{2}{3}$ -3) × 0.01

▶ 8억 원(84㎡) 아파트 매매취득 계산사례 = 2.563%

: 취득세 (8× $\frac{2}{3}$ -3) × 0.01 = 2.33% + 지방교육세(취득세의 10%)

0.233%

- 농어촌특별세는 85㎡(25.7125평)를 초과하는 주택에 대해서만 부과
- 고급주택은 취득세율에 8% 추가

| 주택(아파트 등) 증여 시 취득세율 |

증여가액 (시가 표준)	조정대상지역	비조정대상지역	고급주택
3억 원 미만	3.5%	3.5%	+8%
3억 원 이상	12%	3.5%	

| 토지 및 건물(주택을 제외한 상가, 오피스텔, 토지, 농지 등) |

토지 및 건물		취득세	지방교육세	농어촌특별세	합계
유상취득	주택 외	4.0%	0.4%	0.2%	4.6%
	농지	3.0%	0.2%	0.2%	3.4%
무상취득	증여	3.5%	0.3%	0.2%	4.0%
	상속 주택 외	2.8%	0.2%	0.2%	3.2%
	상속 농지	2.3%	0.1%	0.2%	2.6%
원시취득(신축)		2.8%	0.2%	0.2%	3.2%

보유할 때 : 재산세, 종합부동산세

부동산을 소유하게 되면 재산세를 내게 된다. 매년 6월 1일을 기준으로 사실상 부동산을 소유하고 있는 자(부동산 등기사항전부증명서상 소유자)에게 부과된다. 고지서는 7월과 9월에 50%씩 나누어 발송된다. 재산세는 매년 1월 1일 기준, 국토교통부가 발표하는 공시가를 기준으로 계산한다.

| 주요 지방세 부과 시기 |

항목	시기
자동차세	1월
등록면허세	1월
종합소득세	5월
재산세(건물)	7월
주민세	8월
재산세(토지)	9월

| 재산세 납부기간 |

항목		납기	비고
건축물		매년 7.16 ~ 7.31까지	
토지		매년 9.16 ~ 9.30까지	
주택	제1기분	매년 7.16 ~ 7.31까지	세액 20만 원 이하인 경우 1기에 일시납
	제2기분	매년 9.16 ~ 9.30까지	

재산세는 집을 가지고 있는 경우 모두가 내야 한다. 하지만 종합부동산세(이하 종부세)는 그렇지 않다. 종부세는 매년 6월 1일을 기준으로 공

시가 6억 원 이상의 주택이나 토지를 보유한 경우에만 내게 된다. 납부 기일은 12월 1일부터 15일까지. 하지만 1가구 1주택이고, 세대원 공동명의(예 : 부부 공동명의)가 아닌 경우 5억 원을 추가로 공제해주기 때문에, 실제적으로는 공시가 11억 원을 초과한 경우에만 종부세를 내게 된다.

그렇다면 5월 말에 소유권 이전이 되었고, 6월 1일에 소유자가 새롭게 바뀌었다면 누가 세금을 내야 할까? 당연히 6월 1일자 기준으로 납부대상자를 선정하기 때문에 새로운 소유자가 재산세와 종부세를 내야 한다. 이 시점에서 매도자는 5월 말에 소유권 이전을 하는 것이 이득일 것이고, 매수자는 분명 6월 1일을 넘겨서 등기하고 싶을 것이다. 그래서 간혹 이 시기에 매매하는 사람들이 세금 문제로 분쟁을 일으키기도 한다.

1가구 1주택인 경우에는 추가 지원 세제 혜택도 있다. 집을 오래 보유한 사람에게 제공하는 장기보유특별공제(이하 장특공제)와 나이가 많은 사람에게 제공하는 고령자공제제도가 있다.

장특공제는 5년 이상 보유 20%, 10년 이상 보유 40%, 15년 이상 보유한 사람에게는 50%를 공제해준다. 또한 납세자가 60세 이상인 경우 20%, 65세 이상 30%, 70세 이상 고령자에겐 40%의 공제 혜택을 준다. 다만 장특공제와 고령자공제를 합쳐서 80%를 초과할 수는 없다.

| 종합부동산세 세율 |

과세표준	일반		조정지역 2주택 또는 3주택	
	세율	누진 공제	세율	누진 공제
3억 원 이하	0.6%	–	1.2%	–
6억 원 이하	0.8%	60만 원	1.6%	120만 원
12억 원 이하	1.2%	300만 원	2.2%	480만 원
50억 원 이하	1.6%	780만 원	3.6%	2,160만 원
94억 원 이하	2.2%	3,780만 원	5.0%	9,160만 원
94억 원 이하	3.0%	11,300만 원	6.0%	18,560만 원

| 1가구1주택 종합부동산세 보유기간별 · 연령별 공제 |

장기보유특별공제	공제율
5년 이상 10년 미만	20%
10년 이상 15년 미만	40%
15년 이상	50%

고령자세액공제	공제율
만 60세 이상 65세 미만	20%
만 65세 이상 70세 미만	30%
만 70세 이상	40%

| 주택분 종합부동산세 세율 및 세부담상한 조정(주택 수 차등 과세를 가액기준과세로 전환) |
[적용 시기: 2023년 1월 1일 이후 납세의무가 성립하는 날부터 적용]

현행			개정안	
□ 주택분 종합부동산세 세율			□ 다주택자 중과제도 폐지 및 세율 인하	

과세표준	2주택 이하	3주택 이상*
3억 원 이하	0.6%	1.2%
3억 원 초과 6억 원 이하	0.8%	1.6%
6억 원 초과 12억 원 이하	1.2%	2.2%
12억 원 초과 50억 원 이하	1.6%	3.6%
50억 원 초과 94억 원 이하	2.2%	5.0%
94억 원 초과	3.0%	6.0%
법인	3.0%	6.0%

*조정대상지역 2주택은 3주택 이상 세율 적용

과세표준	세율
3억 원 이하	0.5%
3억 원 초과 6억 원 이하	0.7%
6억 원 초과 12억 원 이하	1.0%
12억 원 초과 25억 원 이하	1.3%
25억 원 초과 50억 원 이하	1.5%
50억 원 초과 94억 원 이하	2.0%
94억 원 초과	2.7%
법인	2.7%

부동산 세금 II
투자 수익률을 결정짓는 양도소득세

팔 때 : 양도소득세(양도세)

양도소득세는 부동산을 팔았을 때 소득이 발생하면 그 차익에 대해서 국가가 부과하는 것이다. 집을 산 가격과 판 가격의 차이인 '양도소득'에 부과가 되며, 거의 매년 세법이 개정되어서 세무사 등 전문가들도 골머리를 앓고 있다.

- 세대보유 주택 수와 보유기간 등에 따라 세율과 공제율이 적용된다.
- 차익이 없거나 오히려 손해를 봤다면 부과되지 않는다.
- 부동산 투자자들이 가장 신경 쓰는 세금 중 하나로, 투자 수익률을 결정짓는 가장 중요한 요소다.
- 세율이 높을 뿐 아니라 수익률을 높이려면 매매 전에 꼼꼼히 챙기는 것이 중요하다.

| 양도소득세(양도세) 세율 | | | | |

구 분		세율	누진 공제	중과
1년 미만 보유	주택(조합입주권) 포함	70%	–	–
	분양권	70%	–	
	주택 외	50%	–	
1년 이상 ~ 2년 미만 보유	주택(조합입주권) 포함	60%	–	
	분양권	60%	–	
	주택 외	40%	–	
2년 이상 보유	기본세율	*1,200만 원 이하	6%	–	조정대상지역 주택의 경우
		4,800만 원 이하	15%	1,080,000	
		8,800만 원 이하	24%	5,220,000	2주택인 경우 +20% 3주택인 경우 +30%
		1억 5,000만 원 이하	35%	14,900,000	
		3억 원 이하	38%	19,400,000	
		5억 원 이하	40%	25,400,000	* 2023년 6월 30일까지 한시적 중과 유예
		10억 원 이하	42%	35,400,000	
		10억 원 초과	45%	65,400,000	
	분양권	60%		

정부 소득세법 기본세율 일부 개정안(2023년 시행 예정)					
1,200만 원 이하	6%	⇒	1,400만 원 이하	6%
4,800만 원 이하	15%		5,000만 원 이하	15%
8,800만 원 이하	24%		8,800만 원 이하	24%

양도소득세율 최고 45% 구간의 조정대상지역 3주택 이상이면, 중과세율을 더해 최고 75%이고, 여기에 지방세 7.5%를 더하면 82.5%의 엄청난 세율의 양도세를 부담하게 된다. 2021년 1월 1일 이후 취득한 분양권의 경우 1년 미만 보유 양도 시 70%, 1년 이상 60% 세율을 적

용하게 된다.

1가구 1주택의 경우 주택가액이 12억 원 이하 양도차익에 대해서만 양도세가 100% 감면받게 되며, 12억 원 초과 부분에 대해서도 낮은 세율로 적용해 세금부담을 경감할 수 있다. 1가구 1주택으로 인정받기 위해서는 2년간 보유만 하면 된다.

하지만 조정지역에 있는 주택이라면 2년 이상 보유와 2년 이상의 거주요건이 필요하다. 2017년 8월 3일 이후 조정지역에서 취득한 주택은 2년 보유+2년 거주 요건이 되어야 비과세 대상이 될 수 있다. 여기서 2년 거주요건은 '취득일' 기준으로 판단한다. 취득 시점에 비조정지역일 경우 2년만 보유했다면 양도일 현재 조정지역이라 하더라도 비과세 혜택을 볼 수 있다. 반대로 취득 시점에 조정대상지역이었으나 양도일 현재 비조정지역이라 하더라도 2년 거주요건을 갖추어야 비과세혜택을 볼 수 있는 것이다.

| 주택, 입주권과 분양권 |

보유기간	세율		조정대상지역 주택
	주택/입주권	분양권	
1년 미만	70%	70%	
2년 미만	60%	60%	
2년 이상	기본세율	60%	2주택+20% 3주택+30%

8·2 부동산 대책으로 인해서 다주택자 양도소득세 중과제도가 강화되었다. 2018년 4월부터는 조정대상지역 내에 있는 주택을 팔 때는 양도소득세 계산 시 기본세율에 추가 10~20%의 가산세율이 적용되고 있다. 조정대상지역 내에 집이 2채면, 기본세율이 10%가 추가로 적용되고, 3채이면 20%가 추가되었다. 이것은 2021년 5월 31일까지 적용되었고, 2021년 6월 1일부터는 2채일 경우 기본세율에 20%, 3채일 경우에는 30%가 중과되는 등 조건이 까다로워졌으므로 주의해야 한다.

매도하려는 주택이 조정대상지역이 아닌 비조정대상지역에 해당한다면 기본세율(6%~45%)이 적용된다. 단, 이때 매도하려는 주택의 보유기간이 1년 미만일 경우, 소득 기준과 관계없이 70%의 세율이 적용된다. 1~2년 미만 보유 주택의 경우에는 60%가 적용되기 때문에 항상 부동산 세금 정책은 관심 있게 챙겨 봐야 한다. 양도소득세에는 장특공제가 적용된다. 오래 보유할수록 세금을 공제해주는 것이다. 보유한 지 3년이 지난 후부터 10년까지 보유기간에 따라 양도차익의 최소 10~30%까지 공제된다. 매도 시점을 정할 때 고려해야 하는 항목 중 하나다.

💡 Tip 주택규제지역 지정 현황(2022년 9월 26일 기준)

* ▨ : 금번 해제지역

구분	투기과열지구(43곳→39곳)	조정대상지역(101곳→60곳)
서울	전 지역('17.8.3)	전 지역(2016.11.3)
경기	과천(2017.8.3), 성남분당(2017.9.6), 광명, 하남(2018.8.28), 수원, 성남수정, 안양, 안산단원[1], 구리, 군포, 의왕, 용인수지·기흥, 동탄2[2]('2020.6.19)	과천, 성남, 하남, 동탄2[2](2016.11.3), 광명(2017.6.19), 구리, 안양동안, 광교지구[3](2018.8.28), 수원팔달, 용인수지·기흥(2018.12.31), 수원영통·권선·장안, 안양만안, 의왕(2020.2.21) 고양, 남양주[4], 화성[5], 군포, 부천, 안산[6], 시흥, 용인처인[7], 오산, 안성[8], 평택, 광주[9], 양주[10], 의정부(2020.6.19) 김포[11](2020.11.20) 파주[12](2020.12.18) 동두천시(2021.8.30)[13]
인천	연수, 남동, 서(2020.6.19)	중[14], 동, 미추홀, 연수, 남동, 부평, 계양, 서(2020.6.19)
부산	–	해운대, 수영, 동래, 남, 연제(2020.11.20) 서구, 동구, 영도구, 부산진구, 금정구, 북구, 강서구, 사상구, 사하구(2020.12.18)
대구	–	수성(2020.11.20)
광주	–	동구, 서구, 남구, 북구, 광산구(2020.12.18)
대전	–	동, 중, 서, 유성, 대덕(2020.6.19)
울산	–	중구, 남구(2020.12.18)
세종	세종[15]('2017.8.3)	세종[15](2016.11.3)
충북	–	청주[16](2020.6.19)
충남	–	천안동남[17]·서북[18], 논산[19], 공주[20](2020.12.18)
전북	–	전주완산·덕진(2020.12.18)
경북	–	포항남[21](2020.12.18)
경남	–	창원성산(2020.12.18)

1 대부동동, 대부남동, 대부북동, 선감동, 풍도동 제외

2 화성시 반송동 · 석우동, 동탄면 금곡리 · 목리 · 방교리 · 산척리 · 송리 · 신리 · 영천리 · 오산리 · 장지리 · 중리 · 청계리 일원에 지정된 동탄2택지개발지구에 한함

3 수원시 영통구 이의동·원천동·하동·매탄동, 팔달구 우만동, 장안구 연무동, 용인시 수지구 상현동, 기흥구 영덕동 일원에 지정된 광교택지개발지구에 한함

4 화도읍, 수동면, 조안면 제외

5 서신면 제외

6 안산시 단원구 대부동동, 대부남동, 대부북동, 선감동, 풍도동 제외

7 포곡읍, 모현읍, 백암면, 양지면 및 원삼면 가재월리·사암리·미평리·좌항리·맹리·두창리 제외

8 일죽면, 죽산면, 삼죽면, 미양면, 대덕면, 양성면, 고삼면, 보개면, 서운면 , 금광면 제외

9 초월읍, 곤지암읍, 도척면, 퇴촌면, 남종면, 남한산성면 제외

10 백석읍, 남면, 광적면, 은현면 제외

11 통진읍, 대곶면, 월곶면, 하성면 제외

12 문산읍, 파주읍, 법원읍, 조리읍, 월롱면, 탄현면, 광탄면, 파평면, 적성면, 군내면, 장단면, 진동면, 진서면 제외

13 광암동, 걸산동, 안흥동, 상봉암동, 하봉암동, 탑동동 제외

14 을왕동, 남북동, 덕교동, 무의동 제외

15 건설교통부 고시 제2006-418호(2006.10.13)에 따라 지정된 행정중심복합도시 건설 예정지역으로, '신행정수도 후속대책을 위한 연기·공주지역 행정중심복합도시 건설을 위한 특별법' 제15조 제1호에 따라 해제된 지역을 포함

16 낭성면, 미원면, 가덕면, 남일면, 문의면, 남이면, 현도면, 강내면, 옥산면, 내수읍, 북이면 제외

17 목천읍, 풍세면, 광덕면, 북면, 성남면, 수신면, 병천면, 동면 제외

18 성환읍, 성거읍, 직산읍, 입장면 제외

19 강경읍, 연무읍, 성동면, 광석면, 노성면, 상월면, 부적면, 연산면, 벌곡면, 양촌면, 가야곡면, 은진면, 채운면 제외

20 유구읍, 이인면, 탄천면, 계룡면, 반포면, 의당면, 정안면, 우성면, 사곡면, 신풍면 제외

21 구룡포읍, 연일읍, 오천읍, 대송면, 동해면, 장기면, 호미곶면 제외

출처 : 기획재정부 공고 자료

부동산 정책과 합법적 절세 방법

　수시로 변경되는 부동산 정책을 보면, 이제 어떻게 해야 할지 고민이 된다. 뉴스에서는 집값이 전국적으로 하락한다고 하고, 금리 인상으로 인한 대출 문제, 세제 개편 등으로 어수선하다. 뉴스를 보고 있노라면 속이 터진다고 말하는 사람들이 많다. 부동산 시장은 그 누구도 종잡을 수 없는 분야다. 오랫동안 투자해온 경력자들도 예측하고 움직이기 힘들다고 이야기한다. 그러니 초보자들은 더욱더 혼란스러울 수밖에 없다. 이제 막 시작했다면, 큰 꿈을 안고 뛰어들었는데 바로 큰 벽에 부딪혀 어떻게 해야 할지 갈피를 못 잡을 것이다.

　금리는 계속 오르고 집값은 하락하며, 거래량은 점점 줄어들고 있다. 아직은 은행 레버리지를 적극적으로 활용해야 하는데 대출 규제와 함께 금리 인상, 세금 중과까지 시행되면서 이제 부동산 관련 재테크는 못 하는 것이 아닐까, 걱정부터 앞설 것이다.

규제에도 불구하고 지속해서 투자하는 사람들

필자도 그랬지만 어느 정도 시간이 지나 주위를 둘러보니, 어떤 부동산 정책이 나와도 투자할 사람들은 지속해서 꾸준히 하고 있다는 것을 알게 되었다. 나름대로 방법을 찾아서 하고 있었다. 나도 나만의 방법을 찾았다. 꾸준히 노력하고 찾다 보니 스스로 해답을 찾을 수 있었다.

현재 부동산 시장은 규제지역이냐, 비규제지역이냐에 따라서 진입장벽의 높이가 다르다. 그 이유는 바로 취득세 때문이다. 규제지역의 경우 2주택부터는 8%, 3주택 이상은 12%의 취득세를 낸다. 하지만 비규제지역의 경우 2주택까지는 1~3%의 기존 취득세가 유지된다. 지금 같이 혼란스러울 때는 조금 보수적으로 접근하는 것도 좋은 방법이다(67p Tip. 주택규제지역 지정 현황 참조).

무조건 다주택자라고 해서 세금을 많이 내는 것도 아니다. 어떤 기준으로 어떤 세율을 적용하는지 자세하게 모르고 괜한 걱정부터 하는 사람들이 많다. 작은 빌라 여러 채를 갖고 있더라도 공시가가 6억 원(1세대 1주택자 11억 원)을 초과하지 않으면, 종부세가 부과되지 않는다. 조정지역 2주택이나 비규제지역 3주택부터 6억 원에서 초과 3억 원까지는 1.2%만 부과된다. 그렇게 높은 세율이 적용되지 않는다. 지레 겁부터 먹지 말고 꼼꼼히 살펴보자.

취득세는 부동산을 매매 또는 공매나 경매를 통해 취득할 때 부과되는 세금이다. 부동산 관련 세금은 부동산 정책에 따라서 변하기 때문에 확실히 체크해야 한다. 취득세는 해당 지역의 지방세이고, 양도소득세는 매매 차익에 대한 국세다. 투자를 계속하려는 사람이라면 세금 공부는 꾸준히 해야 한다. 특히 요즘처럼 부동산 관련 세금 정책이 수시로 변동될 때에는 늘 주시하고 투자 전략에 반영해야 한다.

| 주택 구입 시 취득세율 |

주택 수	조정대상지역	비조정대상지역	고급주택
1주택		1% (6억 원 이하) 1~3% (6억 원 초과~9억 원 이하) 3% (9억 원 초과)	
2주택	8%	1% (6억 원 이하) 1~3% (6억 원 초과~9억 원 이하) 3% (9억 원 초과)	8%
3주택	12%	8%	
4주택, 법인	12%	12%	

수익률 높이기 위한 합법적 절세 방법

절세하는 만큼 수익률이 높아진다. 수익률을 높이기 위한 합법적 절세 방법을 알아보자.

첫째, 양도소득세를 합법적으로 줄이는 방법은 필요경비를 공제받는 것이 우선이다. 취득세와 법무비, 중개수수료, 보일러가 고장이 나서 수리를 했거나 기타 큰 비용들이 들어갈 때가 있다. 그렇기 때문에 필요경비 인정 항목들을 알고 있어야 세금 공제를 받을 수 있다. 얼마 전 정말 상태가 심각한 아파트를 낙찰받았다. 싱크대, 화장실, 중간 창틀까지 교체해야 하는 큰 공사를 해야만 했다. 수리비용으로 많은 금액이 지출되어서 걱정을 많이 했다. 공매는 낙찰받기 전에 집을 보기 어렵기 때문에 가끔 이렇게 심각한 집을 낙찰받을 때가 있다. 만약 이렇게 필요경비를 공제받지 못했다면 수익률은 훨씬 더 내려갔을 것이다. 다행히 필요경비를 공제받아 수익률을 보전할 수 있었다. 이렇듯 증빙서류를 갖추어 놓으면 절세할 수 있다. 챙기기 어렵다면 거래하는 세무사한테 조언을 구하자.

둘째, 주택과 조합입주권을 단기양도하지 않는 것이다. 2년 이내에는 양도하지 않아야 높은 단일세율(60~70%)이 적용되지 않고, 상대적으로 낮은 기본세율(6~45%)을 적용받을 수 있다.

셋째, 분양권을 권리상태에서 양도하지 않고, 주택이 완공된 후 부동산으로 양도한다. 분양권의 권리상태에서는 1년 이내 70%, 1년 이후 60%의 높은 세율이 적용된다. 특히 부동산 완공으로 인한 취득 후 비조정지역에서 2년 이상 보유했다면 기본세율을 적용받을 수 있다. 게다가 1가구 1주택이라면 비과세혜택까지 받을 수 있다.

넷째, 주택처분 순서를 잘 계획하는 것이다. 다주택자의 경우 양도세가 중과될 경우 양도차익의 50% 이상을 양도소득세로 내야 한다. 같은 주택이라도 처분순서에 따라 양도차익이 달라지고, 중과 여부가 결정된다. 그러므로 최적의 처분순서를 전략적으로 결정해야 한다.

다섯째, 증여를 활용하는 것이다. 양도소득세는 양도차익을 기준으로 세금이 부과되기 때문에 배우자나 직계자녀에게 증여해 취득가액을 높이는 것이 절세 방법이 될 수 있다. 증여재산은 증여일 현재 시가로 평가해 취득가액이 되고, 증여재산공제를 활용해 증여세 부담도 최소화해 신고할 수 있다.

| 주택 증여 시 취득세율 |

증여가액 (시가표준)	조정대상지역	비조정대상지역	고급주택
3억 원 미만	3.5%	3.5%	8%
3억 원 이상	12%*	3.5%	8%

* 1세대 1주택자가 소유 주택을 배우자나 직계존비속에게 증여하는 경우는 3.5%

08
대출과
신용등급(LTV, DTI, DSR 포함)

일반적인 대출은 시중의 평균적인 시세를 기준으로 대출이 된다. 하지만 공매는 일반적인 시세가 아닌 감정가 또는 낙찰가를 기준으로 대출이 발생한다. 그래서 조금 더 큰 금액을 대출받을 수 있다. 감정가보다 가격이 많이 내려간 부동산을 낙찰받게 되면 대출이 70~90%까지 나오기도 한다.

대출 중개인들을 많이 알아두면 좋다

낙찰받고 법정을 빠져나오면, 아줌마들이 슬슬 따라온다. 맨 처음에는 낯설어서 피했는데, 나중에 알고 보니 대출 정보를 주는 대출 중개인들이다. 어떤 분은 주차장까지 따라오셔서 명함을 주고 전화번호를 묻기도 한다. 이분들을 잘 알아둬야 한다. 경매, 공매할 때 많은 도움을 받을 수 있다. 이분들을 통해서 대출조건을 비교할 수 있고, 대출금리와 대출상환 조건 중도상환수수료 등 여러 가지 좋은 조건으로 대출을 받을 수도 있다. 가능한 한 많이 알아두는 것이 좋다.

경매, 공매 초보자들이라면 낙찰받은 물건을 경락대출로 얼마나 받을 수 있을까 고민할 것이다. 아파트 분양받을 때 중도금 잔금을 은행에서 단체로 대출을 받아 납부한다. 공매도 낙찰가의 70~80% 또는 그 이상 대출을 해주는 경락잔금대출이 있다. 이렇게 되면 나의 순수 투자금은 낙찰가의 20~30%만 있어도 가능하고, 10%만 가능한 조건도 있다. 지금 현재는 대출 규제로 조금 어렵지만, 부동산 정책이 완화되면 다시 환원되리라 생각하고 있다.

예를 들어 1억 원짜리 소형 빌라를 낙찰받았다고 하자. 보통 대출금액은 낙찰가의 70~80%인 7,000~8,000만 원까지 가능하고, 투자금은 2,000~3,000만 원 정도 있으면 소형주택 한 채의 잔금을 치를 수 있다. 단, 대출이자나 법무비, 세금 등은 미리 계산하고 입찰가를 선정하면 된다.

평소 대출 담당자와는 친분을 쌓아 두는 것이 좋다

이렇듯 입찰하게 되면 사전에 알고 있는 은행 담당자에게 미리 문의하는 것이 좋다. 대출조건이 어떻게 되고, 대출금액은 얼마나 나오는지 미리 사전에 확인해두지 않으면 낭패를 겪을 수도 있다. 은행의 일반 영업점은 대부분 경·공매를 취급하지 않는다. 아마도 할 수는 있지만 다른 해야 할 업무가 많아서 그런 듯하다. 그래서 대출 담당자와 평소에 친분을 쌓아 두는 것이 좋다. 특별한 날에는 커피 쿠폰을 보내는 센스를 발휘해보자. 그러면 담당자가 이동하는 경우에도 적극적으로 물건에 대한 검토와 답장을 해준다.

근저당설정비는 은행에서 담보 부동산에 근저당설정을 할 때 그 비용을 말하며, 낙찰자와 은행이 50%씩 부담을 한다. 또한, 중도상환수수료가 있다. 대출 시 만기를 1년으로 설정했는데 생각보다 빨리 매도가 되어서 1년 이내에 매매가 이루어지면 중도상환수수료를 내야 한다. 아깝기는 하지만 지불해야 한다. 중도상환수수료는 통상적으로 대출기간의 3년 이내까지 징수하고 그 이후는 없다. 사업자 대출은 1년 만기 대출로 하고 계속 연기할 수 있고, 가계자금이면 6개월이나 1년의 거치기간 후 분할상환을 하게 된다. 단기매매가 목표인 물건이라면 이자율이 약간 높더라도 중도상환수수료가 없거나, 낮은 대출로 진행하는 것이 훨씬 유리하다. 장기적으로 보유 후에 매도할 것이라면 이자가 적고, 중도상환수수료가 일정기간이 지나면 없어지는 상품으로 선택하는 것이 좋다.

[대출금 200,000,000원 1년 이용 후 상환 시 중도상환수수료(1.2%) 계산 예시]

$$*대출금\ 200,000,000 \times 1.2\% \times \frac{365(1년\ 이용)}{1,095(3년\ 일수)} = 799,999$$

대출 시 은행 대출계에서 사업소득이나 급여소득 등에 따라 필요한 서류를 달리 요청한다.

- 신분증

- 인감도장

- 인감증명서 3부

- 주민등록등본 2부, 초본 2부

- 가족관계증명서 1부

- 소득금액증명원 1부

- 원천징수영수증 1부

- 국세완납증명원(납세증명서) 1부

- 지방세완납증명원 1부

- 재직증명서 1부

* 인감증명서를 제외한 등본, 초본, 국세 및 지방세 완납증명서는 정부24(www.gov.kr)를 통해 인터넷으로도 발급할 수 있다.
* 근로소득원천징수는 국세청 홈택스(www.hometax.go.kr)에서 발급할 수 있다.

셀프 등기보다 전문가에게 맡기면 효율적이다

법무비용도 잘 알아봐야 한다. 대출이 실행되면서 소유권 이전 등기를 하려면 법무사를 이용하게 된다. 셀프 등기를 하시는 분들도 간혹 있지만, 필자는 개인적으로 전문가에게 맡기는 것이 좋다고 생각한다. 그 분야의 오랜 경험과 법률지식을 가진 전문가에게 맡기면 서로 편하고 좋다. 향후 경·공매에 관련해서 간단한 법률자문을 구할 수도 있으니 일종의 상담료라고 생각하면 서로에게 도움이 된다. 처음에 셀프 등기도 시도해봤지만, 시간적이나 금전적인 면에서 보면 비효율적이라는 생각이 들었다. 이 부분은 각자 상황에 맞는 방향으로 선택하면 될 것 같다.

법무비용도 법무사마다 다르므로 몇 군데 알아보고 비교해서 선택하면 좋다. 취득세 등은 정해져 있는 세금이기 때문에 임의로 조정할 수 없는 항목이다. 문제는 교통비나 기타 비용으로 보수액이 정해지는데, 단골이라면 협의하기 편하므로 비용을 절감할 수 있다.

하지만 공매 잔금대출을 이용할 경우 은행에서 위임, 선정한 법무사가 등기 업무를 수행하기 때문에 비용협상은 현실적으로 어렵다고 할수 있다. 계속 공매를 하면서 여러 번 일 처리를 맡기면, 법무사 사무실과 협의해서 일부 항목 등은 조정이 가능하기도 하다.

신용등급을 관리하자

현대사회에서 신용등급은 매우 중요한 역할을 하고 있다. 대출은 물론 신용카드 발급과 사용, 할부금융을 이용한 자동차를 살 때도 신용등급은 대출 한도와 금리 결정 등에 중요한 참고지표가 된다. 필자는 거래하고 있는 지점장님에게 개인 신용도가 먼저 몇 등급인지 확인부터 한다. 그전에는 관심이 없었지만, 공매를 시작하면서 꼼꼼하게 신경 쓰고있다. 신용도를 관리하지 못하면 예기치 못한 불상사가 일어날 수도 있기 때문이다. 자금 여유가 없는 상태에서 은행대출만 철석같이 믿고 낙찰을 받았는데 대출이 안 되거나 예상보다 적게 되어버리면 낭패를 보기 때문이다.

부채가 없고 신용카드를 안 쓰며 대출을 안 받았을 때 신용등급이 좋은 것이 아니라, 카드를 적절하게 잘 쓰고 대출을 적당히 이용해야 오히려 신용등급에 유리하게 적용이 된다. 경제활동을 잘하고 있는지를 알 수 있기 때문이다. 단, 캐피털, 저축은행, 현금서비스나 카드론 등은 불리한 조건으로 신용등급을 깎는 요인이기 때문에 쓰지 않는 것이 좋다. 대부업체는 연체와 더불어 신용등급을 가장 악화시키는 두 번째 요인이다.

신용등급의 정확한 의미는 '신용조회회사(CB : Credit Bureau)가 향후 1년 이내에 90일 이상 장기연체가 발생할 확률을 통계적 분석방법을 이용해서 1~1000점으로 수치화한 지표'를 말한다. 이전에는 점수를 1등급~10등급으로 분류했으나 등급이 낮다는 이유로 대출이 거절되는 관행이 생겨 2021년 1월 1일부터 금융위원회에서 점수제로 변경되었다.

개인의 신용등급은 신용평가회사별로 1년에 3회까지 무료로 조회할 수 있다. 신용조회를 하기 위해서는 나이스(www.credit.co.kr), 올크레딧(www.allcredit.co.kr), 토스뱅크(www.tossbank.com), 카카오페이(www.kakaopay.com) 등 각 신용정보사나 인터넷은행 등에서 운용하는 인터넷사이트에 접속해서 확인하면 된다. 또한 신용등급 조회만으로 신용등급이 하락하지는 않으며, 회사별로 신용을 수집하는 정보의 차이가 있어서 같은 사람일지라도 약간의 점수 차이가 있을 수 있다.

신용등급은 한 번 떨어지면 올리기가 쉽지 않은데, 이러한 신용등급에 가장 중요한 영향을 미치는 것은 무엇일까? 당연히 '연체'가 가장 큰 신용등급 하락 요인이며, 이와 더불어 대부업이나 카드 관련 대출, 제2금융권 대출 등 복수의 여신 거래처 보유 등이 있다.

대출실행 이후에 다음과 같은 사항에 해당할 경우 금리 인하를 요구할 수 있다.
- 지속적인 노력으로 신용등급이 상승
- 취직이나 승진
- 변호사, 공인회계사, 의사 등 전문자격시험에 합격

금리인하요구권은 은행, 저축은행, 카드사, 보험사 등 제2금융권과 신용 및 담보 그리고 개인 및 기업대출 모두 적용된다. 단, 햇살론 등 정책자금대출, 예금/적금 담보대출, 보험회사의 보험계약 대출 등은 금리인하요구권 대상에서 제외된다.

금리 인하요청 시 전과 비교해서 신용상태가 나빠졌다고 해서 금융회사가 금리 인상을 요구하지는 않으니 밑져야 본전이다. 대출이 있다면 우선적으로 본인 신용도를 자주 확인하는 습관을 길러야 한다.

> **☀️Tip   신용등급을 하락시키는 6가지 대표 사례**
>
> 1. 최악의 신용등급 하락 요인은 '연체'다. 특히 대출금의 경우 10만 원 이상의 금액을 5일 이상 연체할 때 신용등급이 하락할 수 있으며, 연체기간이 길 겨우 최장 5년까지 신용도에 영향을 미치게 된다.

2. 잦은 대출도 신용등급에 부정적인 영향을 미친다. 대출금액이 많을수록, 대출 건수가 많을수록 부정적인 영향을 미친다.

3. 같은 대출이라도 제2금융권에서 대출받으면 신용점수가 더 하락할 수 있다. 대부업체 이용이나 현금서비스, 카드론, 캐피털, 파이낸셜 등의 경우에도 은행권 이용 시 부정적으로 평가된다.

4. 제2금융권 대출은 일정한 금액이나 일정기간 이상 이용할 경우 신용평점이 하락할 수 있다.

5. 다중채무의 경우, 예를 들어 1개 금융기관의 카드론 1,000만 원보다 두 개 기관의 카드론 각각 500만 원이 더 신용에 좋지 않은 영향을 미친다.

6. 다른 사람의 보증을 서는 경우 채무자가 연체하지 않더라도 보증인의 신용평점이 하락할 수 있다.

💡Tip 신용등급을 올리는 5가지 방법

1. 우선 소액이라도 '연체'를 하지 않는 것이 중요하다. 대출금이자나 카드대금, 할부금, 통신요금, 공과금 등은 자동이체를 이용하면 부주의한 연체를 방지할 수 있다. 만약 어쩔 수 없이 연체하게 되면 연체기간이 길수록 신용등급에 부정적 영향을 미치므로 오래된 연체 건부터 상환하는 것이 좋다.

2. 주거래 금융기관은 자주 바꾸는 것보다는 한 회사와 꾸준히 거래하는 것이 유리하므로 한 회사를 정해 거래실적을 쌓는 것이 좋다.

3. 통신요금이나 공공요금을 6개월 이상 성실하게 납부할 경우 가점 폭이 확대되고 가점을 받는 기간이 늘어난다.

4. 미소금융, 햇살론 등 서민금융상품을 대출받은 후 1년 이상 성실히 상환하거나 50% 이상 상환할 경우 5~13점의 가점을 받을 수 있다.

5. 체크카드를 1년 이상 지속해서 사용할 때도 최대 40점의 가점을 받을 수 있다.

주택담보대출 실행 시 관련 비율 : LTV, DTI, DSR

LTV(주택담보대출비율, Loan To Value ratio)

LTV는 대출금액을 부동산 담보가치로 나눈 것을 LTV라 한다. 예를 들어 1억 원짜리 집이 LTV가 70%라 하면 1억 원에 70%를 곱하면 된다. 1억 원×70% 해서 대출금이 7,000만 원 나온다는 뜻이다. '주택담보인정비율'이라고도 한다.

$$LTV = \frac{(주택대출금액 + 선순위채권 + 임차보증금)}{부동산\ 담보가치}$$

주택가	구분	투기지역 및 투기과열지구	조정대상지역	비규제지역
9억 원 이하	서민실수요자(무주택) 6억 원 이하	60%	70%	70%
	서민실수요자(무주택) 6~9억 원 구간 이하	50%	60%	70%
	1주택(처분조건)	40%	50%	70%
9억 원 초과	2주택 이상	불가	불가	60%
15억 원 초과	9억 원 이하분	40%	50%	9억 원 이하와 동일
	9억 원 초과분	20%	30%	
	15억 원 초과분	대출 불가	9억 원 초과와 동일	

* 서민실수요자는 일정 금액 이하의 소득과 일정 금액 이하 주택을 구입하려는 무주택자

출처 : 기획재정부 홈페이지

DTI(총부채상환비율, Debt To Income)

금융회사에 갚아야 하는 원금과 이자가 개인의 연소득에 차지하는 비율을 말하며, 기존에 부동산 물건만으로 대출하던 것과 차이가 난다. DTI를 엄격하게 적용할 경우, 소득이 적으면 부동산 가치가 양호해도 대출을 받을 수 없는 것이다.

$$DTI = \frac{(연간주택담보대출상환금액(원금+이자) + 기타대출(이자))}{부동산\ 담보가치}$$

| 조정대상지역 DTI 수준 |

주택가	구분	조정대상지역
9억 원 이하	서민실수요자(무주택)	60%
	무주택	50%
	1주택 예외	50%
	2주택 이상 세대	불가
9억 원 초과	원칙	불가
	예외 적용	50%
15억 원 초과		불가

출처 : 금융감독원

DSR(총부채원리금상환비율, Debt Service Ratio)

DSR은 주택대출원리금(원금+이자)뿐만 아니라 신용대출, 자동차 할부, 카드론, 학자금 대출 등 기타 모든 대출의 원리금을 포함한 총대출상환액이 연간 소득액에서 차지하는 비중을 말하는 것이다. 대출상환능력을 평가하기 위해 2016년부터 금융위원회에서 도입한 대출심사 지표다. 연간소득 대비 1년 총상환원리금이 얼마인지를 보는 것이다. 채무자가 빌린 돈을 제대로 갚을 수 있는지 확인하는 것이다. 연소득 5,000만 원인 사람이 은행에서 DSR 40%를 적용하면 1년 대출 한도가 나온다. 5,000만 원×40% 하면 2,000만 원이 나오는데, 이 금액이 1년 동안 갚을 수 있는 원금+이자가 나오는 한도다.

$$DSR = \frac{(\text{연간주택담보대출상환금액}_{(원금+이자)} + \text{기타대출}_{(원금+이자)})}{\text{부동산 담보가치}}$$

| 업권별 평균 DSR 기준치 |

평균 DSR	은행	보험	상호저축은행	카드	캐피털	저축
규제 비율	40%	50%	110%	50%	65%	65%

출처 : 금융감독원

DSR의 실제 적용시점은 2021년 7월부터였다. 투기지역, 투기과열지구, 조정대상지역 등 규제지역에서 6억 원 초과 주택담보대출이나 1억 원 초과 신용대출을 받는 경우 DSR 40%가 적용된다. **2019년 12월 23일 주택담보대출을 시작으로, 2020년 11월 신용대출, 2022년 1월 총대출**(차주 단위 DSR 2억 원 초과) **규제를 거쳐, 2022년 7월 1일부터는 가계대출을 1억 원 초과**(신청 건 포함)**할 때는 DSR 40% 이하**(비은행은 50%)**만 가능하다.**

| 서민실수요자에 대한 주택담보대출 우대요건 및 우대혜택 |

구분	투기과열지구	조정대상지역
- 우대요건	무주택 세대주	
① 소득 기준	• 부부합산 연소득 9,000만 원 이하 • 생애최초구입자 1억 원 이하	
② 주택 기준	9억 원 이하	8억 원 이하
- 우대수준	최대 4억 원 한도	
① LTV	(~6억 원) 60% (6억~9억 원) 50%	(~5억 원) 70% (6억~9억 원) 60%
② DTI*	60%	60%
③ DSR	은행권 40% / 비은행권 60%	

* DTI는 차주 단위별 DSR 미적용 차주에 대해 적용(차주 단위 DSR 적용 차주는 DSR 적용)

출처 : 기획재정부 보도자료

주거래은행 거래실적에 따른 대출 이자율 감면

공매 자금대출의 경우 매매사업자로 대출을 하는 경우는 1년 만기로 해서 1년마다 대출연장을 하게 된다. 가계자금으로 대출을 받으면 20~30년의 장기 분할상환 형식의 대출을 받게 된다. 이때 주거래은행을 선정해서 사전에 신용등급 관리를 잘해놓아야 한다. 대부분의 은행이 대출금리를 산정할 때, 급여 이체, 신용카드사용 금액, 자동이체 건수, 청약저축 납입 여부, 기타 적립식 적금이나 펀드 등 납부 여부 등으로 대출이자를 감면해준다.

| N은행의 주거래 고객 거래실적에 따른 이자감면 예시 |

거래조건	이자율 감면	비고
– 급여 이체 • 월 50만 원 이상 이체 시 • 월 150만 원 이상 이체 시	0.15% 0.25%	– 조건별 선택적 적용
– 신용카드 3개월 실적 • 월평균 30만 원 이상 사용 시 • 월평균 100만 원 이상 사용 시	0.15% 0.25%	– 조건별 선택적 적용
– 자동이체 건수 3건 이상	0.1%	
– 청약저축 납입액 월 2만 원 이상	0.1%	
– 기탁 적립식 적금 10만 원 이상	0.1%	

출처 : N은행

🔆 Tip 투기과열지구 및 조정대상지역 지정효과

구분		투기과열지구	조정대상지역
금융	가계대출	• LTV : 9억 원 이하 40%, 9억 원 초과 20% 15억 원 초과(아파트) 0% * 서민·실수요자 : 6억 원 이하 60%, 6억~9억 원 구간 50%(최대 20%p 우대)	• LTV : 9억 원 이하 50%, 9억 원 초과 30% * 서민·실수요자 : 5억 원 이하 70%, 5억~8억 원 구간 60%(최대 20%p 우대)
		• DTI : 40% * 서민·실수요자 : 60%(20%p 우대)	• DTI : 50% * 서민·실수요자 : 60%(10%p 우대)
		• 중도금대출발급요건 강화(분양가 10% 계약금 납부, 세대당 보증 건수 1건 제한)	
		• 2주택 이상 보유세대는 주택신규구입을 위한 주택담보대출 금지(LTV 0%)	
		• 주택 구입 시 실거주 목적 제외 주택담보대출 금지	
	사업자대출	• 주택 매매·임대사업자, 이 외 업종 사업자 주택 구매목적 주택담보 기업자금대출 신규 취급 금지	
		• 주택 임대업 개인사업자대출 RTI → 1.5배 이상	• 주택 임대업 개인사업자대출 RTI → 1.25배 이상
		• 민간임대매입(신규) 기금융자 중단	–
세제		–	• 2주택 이상자 취득세 중과 • 다주택자 양도소득세 중과·장기보유특별 공제 배제(2주택+20%p, 3주택+30%p)

구분		투기과열지구	조정대상지역
세제		–	• 분양권 전매 시 양도세율 50%
			• 2주택 이상 보유자 종부세 추가 과세
			• 일시적 2주택자의 종전 주택 양도기간 (2년 이내 양도)
			• 1주택 이상자 신규 취·등록 임대주택 세제 혜택축소(양도세 중과, 종부세 합산과세)
			• 법인이 8년 장기 임대등록하는 주택 종부세 과세
전매 제한		• 주택 분양권 전매제한 (소유권 이전 등기일까지, 최대 5년)	• 주택 분양권 전매제한 (소유권 이전 등기일까지, 최대 3년)
		• 오피스텔 분양권 전매제한(소유권 이전 등기일 또는 사용승인일로부터 1년 중 짧은 기간) ▶100실 이상 오피스텔	
청약		• 청약 1순위 자격요건 강화 / 해당 지역 거주자 우선 공급	
		• 민영주택 가점제 적용비율 (85㎡ 이하 100%, 85㎡ 초과 50%)	• 민영주택 가점제 적용비율 (85㎡ 이하 75%, 85㎡ 초과 30%)
		• 재당첨 제한(10년)	• 재당첨 제한(7년)
		• 분양가 9억 원 초과 주택 특별공급 제한	–
		• 오피스텔 건설지역 거주자 우선 분양 ▶ (100실 이상) 분양분의 10~20% 이하/(100실 미만)분양분의 10% 이하	
정비 사업		• 재건축사업 조합원당 재건축 주택공급 수 제한(1주택)	
		• 재건축사업 조합원 지위 양도제한 (조합설립인가 후 소유권 이전 등기 시까지)	–
		• 재개발사업 조합원 지위 양도제한 (관리처분계획인가 후 소유권 이전 등기 시까지)	
		• 정비사업 분양주택 재당첨 제한(5년)	
기타		• 주택 취득 시 자금 조달 및 입주계획 신고 의무 + 증빙자료 제출	• 주택 취득 시 자금 조달 및 입주계획 신고 의무

출처 : 기획재정부 홈페이지

필요경비를 잘 챙겨야
절세된다

부동산 세금 중에서 가장 복잡한 것이 양도소득세(이하 양도세)다. 양도세를 합법적으로 줄일 수 있는 가장 기본적인 방법은 필요경비를 잘 챙기는 것이다. 양도세는 공제되는 항목들이 있다. 공제 항목들을 잘 챙기면 절세할 수 있기 때문에 필요경비로 인정받아서 합법적으로 절세할 수 있도록 하자.

앞서 말했듯 공매로 집을 취득할 때는 매매처럼 집을 충분히 살펴보고 살 수 없기 때문에 비용지출이 수반되는 변수가 생긴다. 보일러가 고장이 났거나, 누수가 심해서 방수공사를 해야 하는 등 큰 수리를 해야 한다면 기대했던 수익보다 많이 줄어들 수도 있다. 그러므로 증빙 영수증을 잘 챙겨서 공제받을 수 있도록 해야 한다.

부동산 취득 시 지출되는 취득세와 법무비 그리고 중개수수료 등 필요경비에 인정되는 항목들이 있다. 얼마 전 오래된 아파트를 낙찰받았는데, 싱크대, 창틀, 도배, 장판, 화장실 전면 공사, 방수까지 수리비용이 크게 들었다. 이 필요경비 사항들을 몰랐다면 그 큰 비용을 공제받지 못했을 것이다. 최대한 수익을 낼 수 있는 물건을 찾아야 하는 것도 중요하지만, 이렇듯 비용에 대해서도 잘 알고 증빙서류를 잘 갖추어야 많은 절세 혜택을 볼 수 있다.

| 필요경비 항목 |

필요경비 인정	필요경비 불인정
취득세, 국민주택채권 매각 차손	도배, 장판 비용
각종 수수료(법무사, 세무사, 중개사)	대출금 지급이자
창틀 설치비	페인트, 방수공사비
발코니 개조비용(확장비 포함)	싱크대, 주방기구 구입비
난방시설(보일러) 교체비용	보일러 수리비용
상하수도 배관공사비	공매 취득 시 명도비
주택취득과정에서 발생하는 소송비용	매매계약 해약으로 인한 위약금
자산을 양도하는 데 있어서 직접 지출한 계약서 작성비용, 소개비 양도소득세 신고서 작성비용	기타 각종 소모성 경비

- 필요경비와 인정되는 항목은 자본적 지출액과 양도비임.
- 자본적 지출이란 주택의 가치를 높이는 지출을 말함.
- 항목에 기재되었듯이 창틀 설치, 발코니 개조(확장) 또는 보일러 교체 시 비용을 인정받을 수 있음.
- 리모델링 비용 중 기본 도배, 장판, 페인트칠 등은 필요경비로 인정되지 않음.

| 양도소득세 계산하는 방법 |

	양도소득세 계산방법
	양도가액
-	취득가액(실지 거래가액)
-	필요경비(자본적 지출 + 양도비)
	양도차익
-	장기보유특별공제
	양도소득금액
-	양도소득 기본공제(1년에 1회 250만 원)
	과세표준
×	세율
	산출세액

세무사, 회계사도 잘 선택해야 한다

공매를 하다 보면 세금에 대해 놓칠 때가 있다. 세금은 국가가 관여하기 때문에 한번 부과되면 정정하기가 어렵다. 취득이나 매도를 하기 전에 미리 관련 세무사나 회계사 등의 전문가와 상의해보고 진행하는 것이 현명한 방법이다. 세무사, 회계사도 잘 선택해야 한다.

경험에 의하면 전문가라고 해서 다 잘 아는 것은 아니었다. 세법이 수시로 바뀌다 보니 전문가들도 법 적용을 잘못하기도 해서 믿고 맡겼다가 낭패를 보는 경우를 주위에서 보기도 한다. 세무사마다 본인들의 주요 전공 영역이 따로 있다. 부가가치세 전문, 상속세 전문, 상가 전문, 주택 전문 등 해당 전문가의 전문분야를 잘 알아봐야 한다. 인터넷 검색으로 판단하기보다는 자신이 거래하고 있는 전문가에게 상담비용을 내더라도 상의하는 것이 현명한 방법이다. 상담비용이 아까워서 혼자만의 계산으로 세금을 안일하게 생각했다가 그보다 더 큰 가산세 등을 세금으로 납부해야 할 수도 있다.

정부의 부동산 정책이 수시로 바뀌고, 금리 인상으로 어렵고 혼란한 상황이지만 항상 틈새는 있기 마련이다. 어떤 사람들은 이 불리한 상황을 오히려 기회로 만드는 사람들도 있다. 나에게 맞는 투자로 부동산 정책과 세금 대책을 항상 주시하면서 현명한 투자의 길을 찾고 만들어가야 한다. 그리고 항상 관련된 사람들과 소통의 끈을 놓지 말아야 할 것이다.

PART 2

공매의 꽃,
명도

낙찰받고 등기 하루 만에
매수자가 나타나다

공매를 하다 보면 이상하게 끌리는 물건이 있다. 인천 서구 검암동에 있던 2층 소재 방 3칸짜리 빌라가 그랬다. 물권분석을 하고 네이버 지도상으로 위치를 확인하니, 위치가 너무 좋아 임장을 가기로 했다. 크게 문제만 없다면 5차인 1억 3,590만 원에 입찰 예정 물건이었다. 한참 꽃 피는 5월이라 임장 가는 길이 소풍 가는 것처럼 즐겁기만 했고, 온통 세상이 예쁜 꽃으로 수놓은 듯했다.

거리도 멀지 않았고, 현장에 도착해서 보니 아담하고 정감이 가는 동네였다. 바로 옆에는 작은 공원도 있었고, 앞쪽으로는 상권도 형성되어 있어서 생활하기도 편할 것 같았다. 엘리베이터가 없는 빌라였지만, 2층이어서 출입하기에도 편리해 보였다. 빌라에서 2, 3층은 로열층으로 불린다. 베란다 쪽 창문 너머 내부가 어렴풋이 보였지만 자세하게 확인할 수는 없었다. 벨을 눌러 봤지만, 대답은 없었고 조용했다. 나중에 수익증권 점유자인 대출채권기관(우선수익자)에 문의해서 현재 임차인 없이 공실인 상태를 확인할 수 있었다.

| 물건정보 |

물건상세

🏠 > 부동산 > 물건 > 물건검색

| 물건정보 | 입찰이력 | | 해당공고 보기 | 해당공고물건 보기 |

물건관리번호 : 2019-▮▮▮▮▮▮   물건상태 : 낙찰 공고일자 : 2019-04-22 조회수 : 297

[주거용건물 / 다세대주택]
인천광역시 서구 검암동 ▮▮▮▮▮▮▮▮▮▮호 다세대주택

일반공고 매각 인터넷 기타일반재산 일반경쟁 최고가방식 총액

처분방식 / 자산구분	매각 / 기타일반재산
용도	다세대주택
면적	토지 - / 건물 59.71㎡
감정평가금액	176,000,000원
입찰방식	일반경쟁(최고가방식) / 총액
입찰기간 (회차/차수)	2019-05-10 09:00 ~ 2019-05-10 18:00 (2/1)
유찰횟수	4 회
집행기관	교보자산신탁(주)
담당자정보	사업지원팀 / ▮▮▮▮ / ▮▮▮▮▮▮

[입찰유형]

☐ 전자보증서가능   ☑ 공동입찰가능
☐ 2회 이상 입찰가능   ☐ 대리입찰가능
☐ 2인 미만 유찰여부   ☐ 공유자 여부
☐ 차순위 매수신청가능

최저입찰가(예정금액)   **135,900,000원**

출처 : 온비드

| 물건 주변 현황도 |

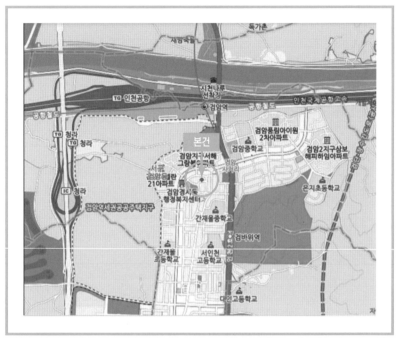

출처 : 네이버 지도

| 물건 내부 구조도와 호별 배치도 |

내부 구조도	호별 배치도

출처 : 온비드

| 온비드 공매 공고문에 올라와 있는 내부 사진 |

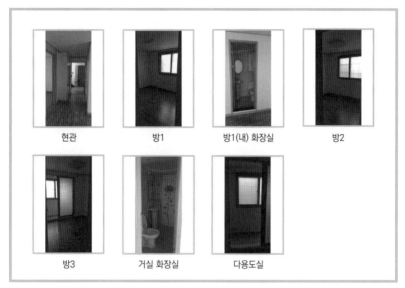

출처 : 온비드

세입자가 이미 이사한 권리분석이 깔끔한 집

특이하게 이 물건은 세입자가 이미 이사한 뒤였고, 공매 공고문에 공실로 사진이 첨부되어 있었다. 공고문에 내부 사진이 첨부된 경우는 많지 않다. 공매 공고문에 내부 사진이 자세하게 첨부된 경우는 공매하면서 처음이었다. 너무 친절하고도 자세하게 올라와 있어서 '이런 물건도 있구나!' 싶었다. 그래서인지 물권분석이 복잡하지 않았고 깔끔한 물건이었다. 내가 물권분석을 잘못했나 의심했을 정도로 괜찮은 물건으로 보였다.

| 물건 내부 |

출처 : 저자 작성

　온비드 공매 입찰자로서 채권기관에 물건지 내부 확인을 직접 할 수 있는지 문의했지만, 소유권 이전을 하지 않은 상태라서 안 된다고 했다. 아쉽기는 했지만, 점유자가 없으니 명도가 필요 없는 물건이었고 과감하게 입찰해보기로 하고 집으로 돌아왔다. 그래도 혹시 모르니 저녁 늦게 불이 켜져 있는지 확인은 해야 했다. 돌다리도 두들겨 보고 건너야 한다고 하지 않았던가? 그사이 또 다른 세입자의 전입 가능성도 있기 때문에 밤에 다시 와서 불이 켜져 있는지, 정말 살고 있지 않은지 확인해야 했다. 입찰일 당일에는 전입세대열람도 다시 한번 확인해보고 입찰에 참여해야 한다. 필자는 다시 한번 확인하고 입찰에 참여했다.

입찰 전날 밤의 흥분

　최저 입찰 가격에 얼마를 더 써야 낙찰받을 수 있을지 감이 오지 않았다. 직접 부딪쳐 봐야 할 것 같아 행동으로 움직였다. 그때부터 해당 물건의 인근 부동산 중개사무소에 일일이 전화를 걸어 그쪽으로 이사를 하려고 하는데, 좋은 빌라가 있으면 소개해달라고 하고 기다렸다. 마침 그쪽에 비슷한 물건이 있어서 보게 되었다. 평형대도 비슷하고 위치도 입찰하려는 물건과 비슷한 곳에 있어서 시세를 알아보고 입찰을 결심했다. 종잣돈이 넉넉하지 못한 사정으로 보수적인 금액으로 입찰할 수밖에 없었다. 너무 보수적으로 입찰가를 써서 경쟁자가 너무 많으면 분명 패찰할 것 같아 망설였다. 일단 저질러 보자고 결심을 하고 5차인 금요일에 최저입찰가 1억 3,590만 원에 320만 원을 더해 1억 3,910만 원에 입찰했다. 주말이 끼어 있어서 월요일에나 낙찰 결과를 알 수 있었는데 주말이 그처럼 길게 느껴질 수가 없었다.

80만 원 차이로 2대 1의 경쟁률을 뚫고 낙찰받다

월요일 오전 10시가 조금 넘으니 온비드에서 '낙찰 축하드립니다'라는 문자가 왔다. 온비드 홈페이지에 들어가서 확인하니 2등과 80만 원 차이로 1등으로 낙찰되었다. 이게 무슨 일인지, 정말 낙찰된 건지 어안이 벙벙했다. 느낌이 좋더니 결국 낙찰되었다.

상세입찰결과

▌상세입찰결과

물건관리번호	2019-0200☐☐☐	기관명	교보자산신탁(주)
물건명	인천광역시 서구 검암동 ☐☐☐호 다세대주택		
공고번호	201904-13065-00	회차 / 차수	002 / 001
처분방식	매각	입찰방식/경쟁방식	최고가방식 / 일반경쟁
입찰기간	2019-05-10 09:00 ~ 2019-05-10 18:00	총액/단가	총액
개찰시작일시	2019-05-13 10:13	집행완료일시	2019-05-13 10:20
입찰자수	유효 2명 / 무효 0명(인터넷)		
입찰금액	비공개		
개찰결과	낙찰	낙찰금액	139,100,000원
감정가 (최초 최저입찰가)	176,000,000원	최저입찰가	135,900,000원

출처 : 온비드

잔금 납부 후 하루 만에 나타난 매수자

보수적인 금액으로 입찰했는데 행운이 날아든 것일까? 이 물건은 정말 잊을 수가 없는 물건이다. 잔금을 치르고 내 이름으로 등기 이전 후 다음 날 매수자가 나타났기 때문이다.

주변 시세로 부동산 중개사무소에 내놓았다. 바로 물건을 보고 사겠다는 사람이 있다며 매도하라고 중개사무소에서 전화가 왔다. 잔금을 치르고 등기사항전부증명서상에 명의자가 바뀌려면 2~3일은 걸리는데, 집을 먼저 보고 계약하겠다는 사람이 나선 것이다. 내 이름으로 등기가 나던 날, 바로 매매계약을 했다. 공매 초보자인 필자에게는 역사적인 일이 일어난 것이다. 처음에 너무 빠른 매도 시기로 고민을 했다. 매도하고 그 수익금으로 또 다른 공매 물건을 찾을 것인지, 좀 더 기다렸다가 높은 금액으로 매도를 할 것인지 고민을 했다. 그러나 끈질긴 중개사무소 사장님 말에 설득이 되어 매도를 결심했다. 부동산은 임자가 있을 때 팔아야 한다는 것이다. 망설이면 언제 또 매도가 될지 모르니 사겠다는 임자가 나타나면 팔아야 한다고 했다. 그래서 지금 팔고 그 수익금으로 또 다른 물건을 찾기로 결심했다. 나중에 보니 잘한 선택이었다. 그 덕분에 또 다른 좋은 물건에 투자했으니 말이다.

내가 보수적으로 고민만 하면서 입찰을 하지 않았다면 결과가 있었을까? 패찰을 무서워하지 말고 종잣돈에 맞추어 수익률을 따져보고 몇 회차에 입찰할 것인지 결단이 서면 바로 행동으로 옮겨야 한다.

| 하루 만에 매도한 등기사항 |

12	소유권이전	2016년7월1일 제198815호	2016년7월1일 신탁	수탁자 주식회사생보부동산신탁 110111-1617434 서울특별시 서초구 강남대로 299(서초동)
	신탁			신탁원부 제2016-6191호
13	소유권이전	2019년6월14일 제215069호	2019년5월17일 매매	소유자 김동년 -******* 인천광역시 거래가액 금139,100,000원
	12번신탁등기말소		신탁재산의 처분	
14	소유권이전	2019년7월16일 제259217호	2019년6월18일 매매	소유자 송기영 -******* 서울특별시 동 거래가액 금155,000,000원

출처 : 대법원 인터넷등기소

| 최종 수익 |

(단위 : 원)

항목	지출	수입	최종 수익
매도가액		155,000,000	
낙찰가	139,100,000		
(경락잔금대출(76%))	(106,000,000)		
(개인 잔금)	(33,100,000)		
취득세 등 법무 비용	1,530,100		
수리비	435,000		
(조명)	(400,000)		
(수전 교체)	(35,000)		
금융비용	2,329,280		
(대출이자)	(1,184,480)		
(중도상환수수료)	(1,144,800)		
중개수수료	1,000,000		
양도사업소득세	580,800		
계	144,975,180	155,000,000	10,024,820

02
100세 시대
노후자금 만드는 비법

　경기도 광주시 초월읍에 있는 2층짜리 빌라를 최저가에 낙찰받았다. 임장을 통해 주변 환경과 건물을 확인해보고 꽤 괜찮은 물건으로 판단했다. 주변 4~5군데 부동산 중개사무소에 들러 빌라 시세와 전월세 시세를 조사하고 수익률을 계산해봤다. 5회 차까지 유찰되어서 최저가에 낙찰받으면 수익률이 괜찮을 것으로 예상했다. 하지만 섣불리 판단할 수는 없었다. 빌라는 아파트와는 달리 가격을 판단하기가 쉽지 않다. 부족한 정보로 가격을 잘못 판단하면 낙찰받아도 수익이 적거나 손실이 날 수도 있다. 입찰가를 너무 낮게 산정하면 그만큼 경쟁에서 이길 수가 없고, 패찰을 맛봐야 하기 때문에 빌라는 충분한 시세 조사를 해야 한다.

　이 물건은 2018년에 신축된 물건으로 더욱 확실히 시세를 확인할 필요가 있었다. 공매 감정가는 시세보다 10~20% 정도 높게 평가된 사례가 많다는 것을 항상 유의해야 한다. 감정가와는 별개로 입찰 시점의 시세를 확인해봐야 한다. 당연히 입찰가 산정에 중요한 요소가 되기 때문이다. 감정가는 감정평가사의 감정평가 시점의 시세 의견일 뿐, 입찰 시점의 시세와는 차이가 있을 수 있다. 특히 감정평가 이후 상당한 시간이 지나 입찰일이 지정되었다면 반드시 현재 시세를 파악해야 높은 가격에 낙찰받는 실수를 줄일 수 있다. 반대로 부동산 상승기에는 감정 시점이 현재 시세보다 저가로 표시된 경우도 종종 있게 마련이다. 이 물건은 감정가가 다소 높게 표시되어 있어 나름 저가로 입찰해서 매수하게 되었다.

| 물건정보 |

출처 : 온비드

| 물건입찰정보 |

■ 회차별 입찰 정보

입찰번호	회차/차수	구분	대금납부/납부기한	입찰기간	개찰일시	개찰장소	최저입찰가(원)
0001	001/001	인터넷	일시불/매매계약 체결 후 30일 이내	2020-06-22 10:00~ 2020-06-22 17:00	2020-06-23 09:00	온비드	245,000,000
0001	002/001	인터넷	일시불/매매계약 체결 후 30일 이내	2020-06-24 10:00~ 2020-06-24 17:00	2020-06-25 09:00	온비드	221,000,000
0001	003/001	인터넷	일시불/매매계약 체결 후 30일 이내	2020-06-26 10:00~ 2020-06-26 17:00	2020-06-29 09:00	온비드	199,000,000
0001	004/001	인터넷	일시불/매매계약 체결 후 30일 이내	2020-06-30 10:00~ 2020-06-30 17:00	2020-07-01 09:00	온비드	180,000,000
0001	005/001	인터넷	일시불/매매계약 체결 후 30일 이내	2020-07-02 10:00~ 2020-07-02 17:00	2020-07-03 09:00	온비드	165,000,000

출처 : 온비드

행정복지센터에서 건물평면도와 현황도를 발급받을 수 있다

경기도는 서울에서 멀지 않고, 또한 여러 비규제지역을 포함하고 있어 투자하기에 괜찮은 곳이다. 이 물건은 감정평가서에 주택의 내부 표시가 없었다. 종종 공매의 감정평가서에는 내부구조 표시가 없는 물건들이 있다. 이런 경우 행정복지센터에 가면, 건축물대장 발급을 신청할 때 건물평면도와 현황도까지 신청해서 발급받을 수 있다. 가끔 행정복지센터에서 잘 모르고, 소유자나 임차인 등이 아니면 발급을 신청할 수 없다고 주장하는 경우가 있다. 그럴 때는 구청건축과에 확인해보라고 하면 간단하게 해결된다. 이 빌라를 취득하면서 이런 경우가 있어 직접 확인을 했다.

이 물건에 주택의 내부가 표시되어 있지 않았기에 행정복지센터로 가서 건축물대장 발급 신청과 함께 건물평면도와 현황도를 신청하는 과정에서 담당 직원이 안 된다고 했다. 구청건축과에 전화해서 확인해보라고 했다. 그 직원은 당황하면서 급하게 전화 수화기를 들고 확인을 하더니 바로 신입직원이라 몰랐다면서 죄송하다고 사과하고 일 처리를 해주었다. 이미 공매나 경매로 들어간 주택에 대해서는 건물평면도와 현황도를 발급해주도록 법 제도가 만들어졌다. 2016년 11월부터는 행정복지센터에서 즉시 발급이 가능하도록 시행하고 있다. 그래서 필자는 평면도를 발급받아서 이 물건에 대해 내부구조를 확인할 수 있었다.

| 물건의 내부구조 |

출처 : 행정복지센터

100세 시대, 공매로 노후자금을 만들다

100세 시대에는 부족한 노후자금을 어떻게 마련할까? 공매는 투자하는 순간부터 이익이 보장되는 재테크 시장이다. 공매는 부동산 중개사무소에서 일반 매매로 취득하는 것보다 싼 가격으로 부동산을 취득할 수 있다. 아무리 부동산 정책, 세제 개편으로 규제를 강화해도, 시장이 좋으면 좋은 대로 나쁘면 나쁜 대로 시세보다 싸게 부동산을 살 수 있다. 투자하는 순간 이익을 확보할 수 있는 것이다. 부동산 공매를 잘 활용할 줄 아는 사람들은 시세보다 싸게 내 집을 마련한다거나 직장인들이 투잡으로 여유자금을 챙길 수 있다.

시간이 흐를수록 소득도 증가하면서 삶의 질과 행복 추구에 대한 욕구가 날로 커지고 있다. 50대 후반으로 접어들면 경제적으로 가장 큰 부담을 주는 요인으로 노후준비 부족이 제일 큰 문제로 다가온다. 현재 20대는 일자리 부족, 30~40대는 결혼에 따른 책임, 자녀교육 및 양육 문제, 100세 시대로 접어들면서 이미 50대면 명퇴나 퇴직으로 일자리는 없고 곧이어 닥쳐오는 노후에 대한 불안감은 커져만 간다. 하지만 나이는 들어가고 일자리는 점점 구하기 힘들어진다. 몸은 점점 쇠약해져 가고 노후준비가 안 된 상태로 제2의 삶에 대한 불안감이 엄습해 오는 것이다. 일은 하고 싶은데 일자리도 없고 현실은 비참하기 그지없다.

이처럼 50대 이후부터 노후 생활자금을 준비하지 못한 이유는 첫 번째로 소득이 적어서, 두 번째는 자녀교육비와 결혼자금, 세 번째는 대출상환 등으로 여유자금 마련이 어렵기 때문이다. 이것이 대한민국의 현실이다. 하지만 부동산 공매를 시작하면 여유자금을 마련해 노후자금을 만들 수 있다. 하지만 알고만 있다고 해서 누구나가 투자에 성공하는 것은 분명히 아닐 것이다. 제대로 알고 투자해야 한다. 그러기 위해서는 분명 꾸준히 공부하고 발로 뛰어야 한다. 철저히 분석하고 나만의 투자 방식을 찾아서 낙찰까지 연결되어야 하고, 내 것으로 만들어야만 하는 것은 당연하다.

| 물건 내부 |

출처 : 저자 작성

| 등기사항전부증명서 갑구 소유권 관련 사항 |

[집합건물] 경기도 광주시 초월읍   제2층 제201호

【 갑　　구 】	（ 소유권에 관한 사항 ）			
순위번호	등 기 목 적	접　　수	등 기 원 인	권리자 및 기타사항
4	소유권이전	2021년6월4일 제40620호	2021년5월10일 매매	소유자 김동년 -******* 인천광역시 연수구 거래가액 금165,000,000원
	3번신탁등기말소		신탁재산의 처분	
5	소유권이전	2022년6월2일 제37840호	2022년5월7일 매매	소유자 엄 -******* 서울특별시 (봉천동) 거래가액 금200,000,000원

출처 : 대법원 인터넷등기소

| 최종 수익 |

항목	지출	수입	최종 수익
매도가액		200,000,000	
낙찰가액	165,000,000		
(공매자금대출(67%))	(110,000,000)		
(본인 투자금)	(55,000,000)		
취득세 등 법무비용	2,774,000		
이자비용(약 13개월)	3,552,000		
공과금 등 관리비(약 13개월)	350,000		
중개수수료	800,000		
양도소득(사업소득세)	4,541,000		
계	177,017,000	200,000,000	22,983,000

저가매수 관련 '부동산 거래 소명 신고' 요청받다

소유권 이전 등기를 하고 얼마 후에 광주시에서 부동산 거래신고 정밀조사에 대한 소명자료를 제출하라는 문서가 집으로 날아왔다. 시세보다 훨씬 낮은 가격에 낙찰되었기 때문에 '부동산 거래 소명 신고서'를 제출해 달라는 내용이었다. '현 거래 시세가 2억 2,000만 원 정도에 거래되고 있는데, 1억 6,500만 원에 낙찰받았으니 이런 해프닝이 생기는구나!' 하고 내심 즐거웠다. 이렇듯 물건을 꾸준히 검색하다 보면 행운도 찾아온다. 자금 사정으로 무리한 욕심을 부리지 않았던 것이 오히려 좋은 효과를 가져다준 사례다. 이런 문서가 날아오면 사람들은 겁부터 먹는다. 겁을 먹을 필요 없이 소명자료는 간단하다. 담당자에게 부동산 공매로 취득했다는 문서와 자료를 보내주기만 하면 된다.

광주시에서 발송한 해당 공문

출처 : 경기도 광주시청

필자의 소명자료

출처 : 저자 작성

감정평가서와
실제 시세는 다르다

공매에서 감정평가서는 한국자산관리공사나 수탁회사의 요청으로 감정평가사가 공매 물건 현장에 나가 가격을 평가한 것으로 평가표, 평가명세표, 평가요항표, 위치도, 간이도면 등으로 구성되어 있다. 감정평가서에는 부동산의 평가액뿐만 아니라 구조, 시설, 노후 정도, 위치 등에서부터 환경과 교통 등 주변에 대한 객관적인 평가도 기재되어 있다.

이 감정평가서를 통해 입찰대상을 어느 정도 확인할 수 있다. 등기사항전부증명서에는 나타나 있지 않은 창고, 옥탑 등의 부속물이 있을 때 그것이 공매 대상인지, 아닌지 여부나 감정대상과 가액에 포함되었는지도 알 수 있다.

입찰물건 중에는 아파트 같은 공동주택으로서 대지지분이 미등기인 경우가 있다. 이 같은 경우 법원은 대지지분까지 입찰시키는데, 그 포함 여부를 감정평가서에서 알 수 있다. 감정평가서를 분석할 때는 토지와 건물, 기계류의 평가액이 각각 얼마씩인지 여부, 평가가액 산출근거가 합리적인지 여부, 제시 외 물건의 평가 여부, 평가시점이 언제인지 여부, 부합물과 종물도 평가되었는지 여부, 평가가 안 된 물건이 있는지 여부를 확인해야 한다.

부동산 공매, 경매를 입찰할 때 감정평가금액만을 보고 투자하는 사람들이 있다. 이는 정말 위험한 생각일 수도 있다. 현재의 감정평가액이 실제 가치 금액이 아닐 수도 있기 때문이다. 최소 6개월 사이에 시세가 올랐을 수도 있고, 또는 내렸을 수도 있다. 특히 공매 같은 경우 유찰이 많이 된 물건은 감정평가된 날짜가 1년이 지난 경우도 많기 때문에 주의해야 한다.

실제 적정가를 파악하고 입찰하는 것이 투자의 핵심기술이다

필자 같은 경우는 몇 차례 유찰된 물건을 주로 선택하는 편이다. 그만큼 감정가가 높게 평가되어 있기 때문이다. 특히나 서울은 짧은 기간에도 1억 원씩 오르내리는 경우도 종종 있다. 그럴 때 6개월 전 감정평가 금액을 보고 입찰한다면 어떤 일이 벌어질까? 대부분 감정평가액을 '거래사례비교법'을 통해서 판단한다. 만약 비교 대상의 시점이 다르면 감정평가 금액 자체가 달라지는 것이다. 그만큼 감정평가액은 정확하지 않을 수가 있기 때문에 입찰할 때 주의가 필요하다.

가끔 보면 감정가의 90% 이상, 때로는 100%를 넘는 높은 가격으로 낙찰받아가는 사람들도 있다. 이런 경우를 흔히 '고가낙찰', 즉 너무 높게 낙찰을 받았다고 한다. 분명 재테크는 시세보다 저렴하게 낙찰을 받아야 수익이 난다. 그렇다면 이 사람은 정말 시세 파악을 잘못한 것일까? 하지만 그들 중에는 남들이 생각하지 못한 가치를 파악해낸 사람도 있을 수 있다. 실제로 부동산이 급등하는 시장에서는 충분히 있을 수 있는 일이다. 높은 가격에 낙찰받아서 경쟁자를 따돌리는 전략일 수도 있는 것이다. 낙찰의 기준은 감정가가 아니라 물건의 시세 또는 미래의 가치이기 때문이다.

실제의 적정가를 파악하고 입찰하는 것이 투자의 핵심기술이다. 웬만큼 투자 경험이 쌓인 사람도 입찰의 적정가를 정확히 짚어내기란 쉬운 일이 아니다. 그러니 초보자는 더 어렵다는 이야기다. 가격을 결정하는 요소들은 너무 많기 때문에 파악하기 힘들다. 어렵더라도 꾸준히 공부하고 노력해야 한다.

입찰보증금을 포기하는 불상사는 만들지 말자!

감정평가액에 대해 정확하게 이해하지 못하는 분들이 있다. 감정평가액은 해당 부동산의 감정시점의 시세를 반영한 금액이지만, 실제 입찰 당시의 가격과 다른 경우가 많이 있다. 시세를 제대로 조사하지 않으면 급매가보다도 높은 가격에 낙찰받는 경우가 발생해서 잔금 납부를 고민하거나, 그 중요한 입찰보증금을 포기하는 불상사가 일어나기도 한다. 그러면 대체 이런 일이 왜 발생하는 것일까?

첫째, 감정평가 시기와 입찰 시기 간의 시간적 차이를 들 수 있다. 채권자가 법원 경매를 신청하면 감정평가회사에서 해당 부동산을 탐방하고, 과거 거래사례와 비교해 적정한 시세를 판단한다. 그리고 감정평가서를 제출하는 것이다. 이 감정평가서의 가격이 최초 매각가가 되는데, 감정평가를 하는 시점과 경매가 진행되는 시점에 차이가 발생한다. 짧게는 6개월에서 길게는 1년 이상 차이가 나기 때문에 그사이 정부의 정책 변화가 있을 수도 있으며, 그 지역에 호재가 있거나, 혐오시설 설치계획이 수립된다든지 하는 등으로 얼마든지 가격 변동이 생길 수 있다.

특히 요즘처럼 가격이 수개월 사이로 급등락하는 시기에는 감정평가액과 시세가 많이 차이가 나게 된다. 부동산 시장이 상승기여서 가격이 올랐다면 다행이지만, 부동산 시장이 하락기라 가격이 많이 하락한 시점에 감정평가액을 시세로 착각하고 입찰하면, 급매보다도 비싸게 낙찰받을 수가 있다. 따라서 감정평가액과 현재 시세를 잘 파악하고 입찰해야 낭패를 면할 수 있다.

둘째, 국토교통부 실거래가를 실제 실거래가로 보면 안 된다. 신고가격인 것이다. 국토교통부에서는 부동산 실거래가를 공개하고 있다. 하지만 이 거래가가 실제 거래된 가격이 아니라, 거래 당사자 간에 의해 허위로 신고된 가격일 수도 있는 것이다. 즉, 얼마든지 실제 거래가와 다르게 신고될 수도 있다. 요즘은 그래서 본인이 거주하는 아파트 매매가를 올리기 위해 신고가를 높게 신고하는 일도 비일비재하게 일어나고 있다. 양도세를 적게 내려는 방법으로 매매가를 높여 계약서를 쓰거나, 취득세를 적게 내기 위해서 매매가를 낮추어 계약서를 쓰는 경우에도 실제 거래되는 시세와 다르게 신고될 수 있다. 지금은 매매 관련 금융자료를 요구하거나 강력한 처벌 규정으로 예전보다 거래가를 부풀리거나 다운해서 쓰는 사례가 많이 줄어들고 있다. 하지만 100% 없어질 수는 없는 것이다.

셋째, 대물변제의 경우에도 시세와 다르게 신고될 수 있다. 대물변제란 채무자가 부담하고 있던 본래의 채무이행에 대체해서 다른 급여를 함으로써 채권을 소멸시키는 것을 말한다. 즉, 지불해야 할 금전 대신 부동산이나 유가증권 등으로 변제하는 것을 말한다. 아파트가 미분양되면 시공사는 납품받은 원자재나 인건비를 현금으로 지불할 능력이 없어 미분양된 아파트를 대신 지불하는 경우가 있다. 이때 미분양된 아파트는 분양가보다 낮은 금액으로 거래가 되는 경우가 많다. 시공사 입장에서는 통상적인 분양가보다 낮게 책정해 지불하므로 이 가격에 거래가 되고 국토교통부에 신고하게 된다. 이런 이유로 실제 거래되는 가격과의 차이가 발생하는 것이다.

넷째, 통계수치다. 감정평가회사는 공매 목적물인 부동산의 적정 가격을 책정하기 위해 조사 시점에서의 물건, 당시의 거래사례 등 여러 가지 방법을 이용한다. 동일한 조건의 부동산이 조사 당시 신고된 가격이 있다면, 그 가격을 기준으로 해당 부동산의 조건을 파악해서 금액으로 결정한다. 만약 비슷한 조건의 사례가 없다면 과거 거래사례를 이용하기 때문에 차이가 나기도 하고, 만약 이마저도 없다면 주변 부동산 중에서 비슷한 건축 시기나 비슷한 넓이의 부동산과 비교하고 통계적으로 가감해서 결정한다. 그렇다 보니 해당 부동산의 거래된 사례가 없다면 통계적 방법으로 구한 추측성 가격이 감정평가액이 된다고 보면 된다. 이러한 이유로 감정평가액은 말 그대로 참고사항일 뿐 정확한 시세가 아니므로, 정확한 시세는 임장을 통해서 본인이 판단해야 한다. 더불어 가끔 주변 지역의 유사한 조건의 부동산보다 확연히 차이가 나는 거래가 있다면, 이는 정상적인 거래가 아닐 수 있다. 그러므로 다시 한번 점검하고 확인해서 접근해야 한다. 이러한 거래는 적정 시세 자료에서 제외해야 한다.

다섯째, 복잡한 권리관계는 고려되지 않기 때문이다. 점유권, 유치권, 분묘기지권과 같은 것들은 등기사항전부증명서에 기록이 되지 않기 때문에 반드시 현장답사를 통해 조사 및 확인해야 한다. 건축현황 등을 확인해서 진입로, 법정지상권, 타인 토지의 침범 여부 등을 파악한다. 또한, 주변지역의 도로상황, 토지의 경사도 등도 직접 현장답사를 통해 확인해야 한다. 감정가를 그대로 믿지 말고 탐문조사를 통해 정확한 시세를 파악하려 노력하고 도시계획, 개발계획, 주변 환경 등을 종합한 후 투자 가치를 점검해야 한다.

명도란?

명도소송

명도란 낙찰물건에 현재 거주하고 있는 세입자나 소유자 등 점유자를 내보내고, 점유의 이전을 받는 것을 말한다. 명도소송이란 공매에서 낙찰을 받거나, 경매에서 인도명령 대상자에 해당하나 낙찰대금을 납부 후 6개월을 넘긴 경우 점유자가 자발적으로 건물을 넘겨주지 않는 경우에 매수인이 제기하는 소송이며, 승소판결 후 강제집행을 하게 된다.

명도소송 소요기간

명도소송은 대략 4~6개월 정도 걸리나, 점유자의 대응에 따라 1년 가까이 걸리는 경우도 있다.

점유이전금지가처분

점유이전금지가처분이란 낙찰 건물에 전 소유자나 임차인이 다른 사람에게 점유를 이전하는 행위를 금지하는 것을 말한다. 만약 점유이전 금지가처분을 해두지 않아 명도소송 진행 중에 점유자가 다른 사람에게 점유하고 있는 건물을 다른 사람에게 이전하게 되면, 명도소송에서 승소하더라도 현재 점유자를 상대로 다시 명도소송을 진행해서 승소판결을 받아야 하는 어려움이 생기게 된다. 따라서 건물 명도소송을 제기할 때는 현재 점유자가 다른 사람에게 점유권을 이전하지 못하도록 미리 점유이전금지가처분을 신청해야 한다.

| 명도소송 진행 단계 |

1단계	명도소송 소장의 접수 • 점유이전금지가처분도 같이 접수
2단계	사건 번호 및 담당판사 배정
3단계	사건 심리(법원의 사실 조사 및 처리)
4단계	선고
5단계	승소 판결
6단계	판결문에 의해 강제집행 시행

명도 강제집행 시 필요한 것

집행령 있는 정본(승소판결문 정본에 집행문을 부여받음), 송달증명원, 강제집행예납금, 인감증명서, 인감도장이 필요하다.

명도의
기술

공매는 경매와 같은 인도명령제도가 없어서 건물 명도청구소송을 진행해야 한다. 건물 명도는 사람을 내보내는 것이므로 전략이 필요하다. 공매로 낙찰받으면, 3일 후인 월요일 오전 10시에 매각결정이 확정된다. 이때부터 낙찰받은 건물의 점유자를 방문해 점유자가 있으면 낙찰자임을 증명하는 서류를 보여주면서 건물 명도에 관해 협의하게 된다.

이때 점유자는 대개 이사비를 요청하기 마련이다. 이사비용은 건물 명도소송 진행 시 소송비용, 그리고 2~3개월의 소송기간의 대출이자 비용을 감안해서 서로 합의하고 명도(이사)합의각서를 작성하면, 잔금 납부 후 1~2개월 이내에 건물명도를 마무리할 수 있다. 이사비용은 낙찰자가 의무적으로 지급해야 할 비용은 아니지만, 현재 점유자는 건물 상실에 대한 위로금으로, 점유자는 소송비용과 비용 절감을 위해 서로가 윈윈할 수 있는 비용으로 생각하고 지급하면 된다.

명도에서 대화의 중요성

처음 명도할 때 매수인이 긴장해서 제대로 대응하지 못하면 명도기간이 길어질 수도 있다. 하지만 경험이 반복되다 보면 점유자의 생각이나 의도를 알 수 있게 되어 대화로 쉽게 풀어갈 수 있다. 매수인도 처음에는 경험이 없지만, 임차인도 집을 비워줘야 하는 것에 대해 경험이 없기 때문에 당황스럽다는 것을 이해하고 접근하면 된다. 점유자도 이사를 하려면 시간과 비용이 필요하기 때문에 너무 재촉하거나 협의가 잘 안 된다고 조급해할 필요는 없다. 한 번에 만나서 협의가 이루어지기도 하지만 그러한 경우는 드물고 몇 번의 만남이 필요하다. 낙찰 후 초기에 전화나 면담으로 적극적으로 대응해야 그만큼 빨리 끝낼 수 있고, 소송 비용이나 대출이자 비용 등도 절감할 수 있다.

명도 과정의 냉정함

명도 협의 과정에서 냉정함을 잃지 않고, 점유자의 의도를 정확하게 파악해야 건물을 빠르게 인도받을 수 있다. 협의 과정에서 점유자가 건물 명도에 대해서 너무 가볍게 생각하지 않도록 하되, 점유자에게 너무 무례하게 함부로 대하지 않도록 언행을 조심해야 한다. 기분 나쁜 언행으로 시비가 붙어 명도가 2~3개월 더 늦어지거나 강제집행을 할 수밖에 없으면, 비용이 증가할 뿐만 아니라 서로에게 기분 나쁜 명도가 된다. 명도를 잘한다는 것은 가능하면 법적 절차에 의하지 않고, 무난하게 협의와 대화로써 해결하는 것이다.

협의가 안 될 때의 강제집행

명도 실무에서 점유자와 협의해서 명도비용을 지급하고 해결하는 방법이 좋지만, 협의가 안 될 때는 공매에서는 건물 명도청구소송을 통해서 그 판결문으로 점유자를 강제집행 해야 한다. 이 경우에도 건물 명도청구소송과 점유이전가처분을 신청해서 명도소송 전에 가처분고시문을 제시하게 되면 50% 이상 협의가 이루어진다. 협의가 이루어지지 않은 경우 명도소송을 통해서 승소판결을 받고, 그 판결문을 보여주면서 약간의 이사비용을 제시해서 이사하도록 협의하는 것이 좋다.

이사비로는 얼마 정도가 적당할까?

이사비용은 통상적으로 낙찰가의 1% 내외에서 책정하게 된다. 법적인 강제집행은 가끔 서로에게 마음 상하게 하는 부작용이 생길 수도 있으므로 부득이한 때에만 진행해야 한다. 대항력 있는 임차인이라면 손해 볼 것이 전혀 없으므로 30~50만 원, 배당을 못 받거나 일부만 받는 경우에는 100만 원 정도를 생각해볼 수 있다. 보통은 낙찰받은 물건을 강제집행했을 때 발생하는 소요비용을 감안해서 책정한다. 강제집행 비용은 평당 약 7만 원 정도이므로, 32평 아파트는 224만 원(32평×7만원)이며, 많은 경우 여기서 약간 조정을 하게 된다. 또한, 이사를 빨리 나갈 때는 추가로 약간의 금액을 가산해서 지급하기도 한다.

명도할 때 점유자에게
좋게 인식되는 법

명도할 때는 충분한 대화를 통해서 점유자의 이야기를 들어주는 것이 좋다. 사람과 사람이 하는 일이기 때문에 명도 또한 대화로 풀 수 있다면 서로 마음 상하지 않아서 가장 좋은 명도 방법이라고 생각한다.

점유자들은 마치 이사비용이 본인들의 권리처럼 생각하는 경우가 많다. 그렇기 때문에 많은 이사비용을 청구하기도 한다. 하지만 법적으로는 이사비용에 대해서 지급할 의무가 없다. 이 부분에 대해서 잘 고지하고, 위로금 형태로 이사비용을 협의해야 서로 간의 마음이 상하지 않을 수 있다. 협의를 볼 때는 시간에 관련해서는 입장을 정확하게 표현해야 한다. 이사 날짜를 정확하게 받아 놓아야 한다.

한편 대화로 풀려고 해도 풀리지 않는 경우도 있다. 무지해서 남의 말만 믿고, 무조건 이사비용을 높게 청구하는 사람이 있었다. 얼마를 입금해줘야 이사를 가겠다고 하면서 통장 계좌번호를 찍어서 문자로 보내는 사람도 있었다. 이런 경우는 부동산 인도명령서를 접수하고 조금 기다렸다가 강제집행이라는 방법을 통해서 진행하는 것이 가장 빠른 방법일 수도 있다. 이런 점유자에게는 강제집행도 선택할 수 있는 것 중에 하나라는 사실을 알려야 한다. 하지만 이 또한 생각할 시간을 주고 협의로 이끄는 것도 좋은 방법이다.

1. 낙찰자가 점유자를 이해하고 법적으로 우위에 있다는 것을 인식시킨다.
2. 법적 절차로 진행하게 될 경우, 협의를 하지 않고 무상으로 살았다면 월세도 청구할 수 있다는 것을 알린다.
3. 점유자가 기물파손을 하거나 나가지 않고 버티기를 한다면, 형사상 책임이 있다는 것을 고지한다.
4. 점유자가 협의하고 이사비를 받고 나가는 것이 최선의 선택이라는 것을 알린다.
5. 최악의 경우 소송으로 갈 경우, 모든 비용을 점유자에게 청구할 수 있다는 것을 설명한다.

명도 협상은 제삼자를
내세우는 것도 좋다

낙찰 후에 점유자를 찾아가 무조건 이사해달라고 하는 것은 낙찰자나 점유자 모두에게 상당한 부담감과 기분 나쁜 감정을 만들 수 있다. 법적으로 문제가 되지는 않지만, 낙찰자와 마찬가지로 점유자도 부담감과 거부감을 가지고 있는 상황이기 때문에 조심스럽게 접근해야 한다. 남한테 싫은 소리를 듣고 싶어 하는 사람은 없을 것이다. 나 같은 성격은 싫은 소리를 잘하는 성격도 아니기에 더욱 그렇다. 초보자 특히, 여성 초보자는 더더욱 어려운 것이 명도 부분이다. 경험 많은 고수들조차 점유자와의 만남을 좋아하는 사람은 없을 것이다. 하지만 명도 부분은 어차피 꼭 해결해야만 하는 절차이기 때문에 상대방을 이해하되 단호하게 대응하고, 부담이 되지 않게 하는 것이 좋다.

낙찰 후 100% 전액 배당받는 임차인인 경우는 관계없지만, 그 외의 점유자는 무작정 찾아가지 않는 것이 좋다. 초보자의 경우는 막상 점유자를 만나도 어떻게 대화를 풀어가야 할지 익숙하지 않다. 연습이 안 되었다면 섣불리 만나지 말고 우선 내용증명을 보내는 것이 좋다. 처음 보내는 내용증명은 낙찰과 관련된 일반적인 내용만 간략하게 보내면 된다. 얼굴을 마주 본 다음에 무작정 내용증명을 보내게 되면, 서로 대화가 오간 다음에 법적 절차를 밟는 것에 대한 반감이 생길 수도 있기 때문이다.

내 용 증 명
(낙찰 및 명도안내장)

발신자 : ○ ○ ○
(낙찰자)
전화번호 : 010-123-0000

수신사 : ▲ ▲ ▲ 씨 귀하
(점유자)

부동산의 표시 : 서울특별시 ○ ○ ○

내용 : (경·공매 물건번호), 낙찰일자, 낙찰자, 점유자의 점유권리 소멸된 내용, 점유자의 위치
나 상황설명, 점유자가 임차인인 경우 배당 관련 부분, 낙찰자의 상황설명, 명도부탁 안
내말씀, 향후 방문계획 등

출처 : 저자 작성

내용증명은 우체국에서 등기로 1부를 보내고, 일반우편으로 1부를 별도로 보낸다. 점유자가 주간에 집이 비어 있는 경우도 많고 만나기도 쉽지 않다. 통상적인 우편물 수령일 기준으로 대개는 1주일 정도면 연락이 온다.

낙찰 당일은 기쁨을 마음껏 누려도 좋다

명도는 전화로 해결하는 것이 좋다. 그동안 명도를 진행하면서 거의 50% 가까이는 전화와 서면상으로만 명도가 이루어졌다. 지속해서 전

화통화를 하며 서로의 입장을 들어주고 배려해주다 보면 처음에 터무니없는 이사비용을 요구하던 점유자들도 무난하게 명도가 이루어졌다. 다만 경매의 통상적인 이사기간인 1개월보다는 더 긴 2~3개월이 소요되는 단점이 있긴 했다. 전화나 면담 초기에 상대방의 의도를 확인 후 바로 명도소송을 진행할 것인지, 아니면 추가로 협의를 진행할지는 초기면담(전화)에서 결정하면 된다. 명도소송은 4~6개월 정도 걸리나, 점유자의 대응에 따라 1년 정도 소요되는 경우도 있다.

낙찰 당일은 본인에게는 축하받을 일이지만, 점유자한테는 걱정이 시작되는 고통스러운 날의 시작일 수도 있다. 낙찰 당일은 그냥 본인만의 낙찰 기쁨을 마음껏 즐기면 된다. 상대방 입장을 고려해본다면 이해할 수 있는 부분이다.

명도는 적당한 선에서 끊어낼 줄도 알아야 한다

나는 웬만하면 점유자를 만나지 않는 방향으로 명도를 해왔다. 전화통화로 상대방의 하소연을 들어주고 같이 공감해주면서 달래는 편이다. 그렇게 몇 번 통화하다 보면 점유자는 자기가 살아온 과정을 서슴없이 이야기하기도 한다. 그만큼 통화하면서 마음이 풀어지는 것이다. 나는 최대한 상대방 입장이 되어서 약하게 보이지도, 그렇다고 너무 강하지도 않게 적당한 선을 지킨다. 특히 여성 공매 초보자는 점유자를 직접 만나지 말고, 정말 부득이하게 만나야 한다면 그 횟수를 최소화하라고 말하고 싶다. 어떤 분들은 본인의 처지를 하소연하면서 술 한잔 같이 마시자고 하는 점유자도 있다. 달래느라 1시간 이상을 통화해본 적도 있다. 적당한 선에서 끊어낼 줄도 알아야 한다.

점유자들은 대개 낙찰자에게 적대적인 모습을 취하는 경우가 많다. 나는 당연하다고 생각한다. 낙찰자 때문에 보증금을 잃고 집을 날리는 것처럼 느끼고 있기 때문에 그럴 수 있다고 나는 생각한다. 그 신세 한탄을 낙찰자한테 쏟아붓는 것이다. 하지만 막상 좋지 않은 말들이 오갈 때는 기분이 좋지 않은 것은 사실이다. 그래서 제삼자가 필요한 것이다. 제삼자를 만들어서 양쪽의 요구사항을 들어주는 형식을 취하면, 명도가 좀 더 쉬워지는 마법 같은 일이 벌어지기 때문이다.

부동산 공매 담당 실장으로 명함을 만들어 사용하는 것도 좋다

제삼자를 만드는 것은 그들이 원망할 대상을 낙찰자가 아닌 채무자 또는 채권자라는 것을 깨닫게 해주는 것이다. 점유자에게 낙찰자는 죄가 없다. 보증금 못 받게 된 것은 채무자 탓이고, 채권자는 어쩔 수 없지 않느냐며 낙찰자에게 향하는 원망을 가라앉힐 수 있게끔 말이다. 이렇듯 채권자에게 원망을 돌리는 제삼자 대화법을 사용하면 된다. 나 같은 경우는 제삼자가 남편이 되어 주었고, 혹시나 모를 상황을 대비해서 명함을 '하나 부동산 공매 담당 실장'으로 인쇄해두었다. 가끔 점유자를 만났을 때 이 명함을 건넨다. 명함은 그리 비싼 것으로 할 필요가 없다. 그냥 간단하게 만들어 사용하면 된다.

제삼자가 된 남편이 낙찰자 심부름으로 일 처리를 도와주는 직원이라고 이야기를 풀어가는 것이다. 낙찰자는 부동산 투자를 많이 하는 사장님이고, 만약 순조롭게 협의가 되지 않을 경우 최후에는 강제집행을 하는 분이라고 미리 이야기해두는 것도 효과가 좋다.

제삼자 대화법은 유효했다

제삼자 대화법은 상대방이 말도 안 되는 요구를 할 때 사전에 차단할 수 있다. 어차피 나는 직원이고 의사결정권은 사장님한테 있기 때문에 지금 대답해드릴 수는 없고, 사장님한테 최대한 어려운 사정을 잘 이야기해보겠다고 하고 대화를 마무리 지을 수 있다. 결정권자는 내가 아니고, 낙찰자이기 때문에 점유자에게 불리하다는 상황을 인지시켜주면서 상황을 부드럽게 이끌어 갈 수 있도록 해주는 방법이다.

이사비를 협상할 때도 제삼자 이용법은 유효했다. 보통 점유자들이 요구하는 이사비는 가끔 터무니없으므로 곤란해질 때가 있다. 낙찰자가 생각하는 금액보다 훨씬 많은 금액인 1,500만 원까지 요구하는 점유자도 있었다. 이때도 제삼자 대화법은 유효했다.

"우리 사장님은 그래도 다른 낙찰자보다 이사비를 더 드리는 분으로 유명하다. 이처럼 많이 요구하시면 나도 사실대로 말씀드릴 수밖에 없다. 그러면 이분은 주고 싶어도 많이 못 주고 기본만 주겠다고 하시는 분이다. 그러면 낙찰자나 점유자 서로가 더 불리해진다"라고 이야기한다. 또 "최악의 경우 법적 절차가 진행될 수도 있으니 미리 알고 계시라"고 하면, 그쪽에서 저자세로 나오기도 한다. 이때 적당한 선에서 협의를 한다. 이쯤에서 협의가 되면 좋은 말 한마디도 잊지 말아야 한다. 사업이 잘 풀려서 좋은 일이 빨리 생겼으면 한다고, 마지막 인사를 덧붙여 덕담을 해주는 것이 좋다.

가슴으로 이해하면
명도를 쉽게 할 수 있다

    명도를 잘하려면 상대방 입장을 고려해서 최대한 이해와 대화로 풀어가는 게 가장 좋은 방법이다. 법대로만 하려다가는 반감만 사고, 쌍방간에 마음의 상처만 생기기 쉽다. 경매는 인도명령제도가 있어서 바로 협의와 강제집행이 가능하지만, 공매는 인도명령제도가 없어서 협의가 되지 않으면 명도소송까지 하게 된다.

    공매로 낙찰받고 3일 후 월요일 매각결정 확정이 되면, 이때부터 낙찰자임을 증명하는 서류를 가지고 건물명도를 협의하게 된다. 이사비용은 3~4개월 감안한 건물명도 소송 시 발생하는 소송비용, 대출이자비용 등을 적당한 선에서 계산해서 이사날짜와 이사비를 합의하고, 명도합의서를 작성해서 30~40일 이내에 이사 갈 수 있도록 건물 명도를한다. 이때 대략 3분의 1가량이 무난하게 협의가 된다. 이사비가 법적인 의무비용은 아니지만, 사회적으로 또는 현실적으로 인정하는 것이나의 정신건강에 좋다. 상대방도 약간의 위로금으로 생각해서 마음의위안을 받을 수 있다면 서로에게 좋다고 생각한다. 금액은 대략 낙찰가의 1% 내외에서 입찰 시 감안하고 입찰하는 것이 좋다.

이 과정에서 협의가 잘되면 다행인데, 배분(경매에서는 '배당'라는 용어를 사용)받는 임차인을 제외하고 가끔 과다한 이사비를 요구하는 점유자가 있다. 점유자가 낙찰자한테 할 수 있는 비장의 무기인 양 이사비를 고집하는 것이다. 쉽게 말해서 이사비용을 달라는 것은 그냥 나갈 수 없으니 이사비라도 많이 챙겨줘야 나가겠다고 배짱을 부리는 것이다.

여기서 싸울 필요는 없다. 낙찰자가 기분이 나쁘다고 감정대로 대처해서는 명도는 길어질 수밖에 없다. 점유자들은 이미 1년 이상, 최소 수개월 전부터 금융기관 등으로부터 시달려 왔을 것이다. 마음에 이미 날이 서 있고, 오기와 독기가 꽉 들어차 있으니 어찌 보면 당연할 것이다. 내가 그 입장이 되어도 똑같은 기분일 것 같다. 여기서 낙찰자는 전 재산과 다름없는 전세금을 날린 임차인이거나, 집을 빼앗겼다고 생각하는 전 소유자의 처지를 고려해서 따뜻한 대화로 풀어가는 것이 명도의 지름길이다. 점유자의 입장을 고려해서 대화로 풀어가다 보면 의외로 쉽게 해결되는 경우가 많다.

약 1~3주일 정도 후에 몇 차례의 전화상 또는 방문 등으로 다시 협의하면, 점유자는 각종 인터넷으로 검색도 해보고 법무사, 변호사 등과의 상담으로 무조건 버티게 되면 최종적으로는 강제집행을 당하게 되니 적당한 선에서 합의하는 것이 좋다고 생각이 조금 바뀌게 된다. 그래서 이쯤 되면 조금이라도 이사비용을 더 받고 나가야겠다고 어느 정도 결정을 하고 협의에 응하게 된다. 이쯤에서 50% 이상이 명도합의를 하게 된다.

| 물건 외관 |

출처 : 저자 작성

| 물건정보 |

출처 : 온비드

요구하는 이사비를 안 주면
집을 부숴놓고 가겠다는 점유자

부천에 낙찰받았던 빌라의 점유자는 처음부터 1,500만 원의 이사비를 요구했다. 너무나 터무니없는 금액이었지만, 무슨 사정인지 먼저 들어보기로 했다. 전화번호는 수익자인 대출은행에서 받았다. 처음에는 개인정보라고 알려줄 수 없다고 했으나, 공매 명도 협의 관련이라 설득해서 전화번호를 받을 수 있었다.

> **점유자** : "지금 당장 월세로 집을 얻을 돈도 없고, 아내는 몸이 아주
> 아픈 상황이에요. 지금은 나갈 수 없는 상태입니다. 지금 당
> 장 나가라고 하면 조그마한 월세라도 얻어야 합니다. 이 동
> 네 월세 보증금이 1,500만 원 정도 되니 이사비로 1,500만
> 원을 주든지, 아니면 집을 다 부숴놓고 갈 겁니다."

일단은 말씀하신 내용은 잘 알겠다고 하고 첫날은 전화를 끊었다. 여기서 길게 이야기하면 감정만 상할 뿐 진전이 없을 것 같아 다음에 연락한다고 하고 일단락 마무리를 지었다.

일주일 뒤에 다시 전화를 걸었다. 그동안 여기저기 정보도 많이 알아보고 마음도 좀 안정이 되었겠지 하고 대화를 시도하려 했지만, 더 날카로운 상태였다.

필　자 : "지금 현재 뭐가 제일 힘드십니까?"

점유자 : "아내가 몹시 아픈 상태이고 사업을 하는데 일이 풀리지 않아 너무 힘듭니다."

필　자 : "어느 정도는 이해합니다. 제가 그 입장이어도 선생님(점유자)과 같을 것 같습니다. 선생님에게 최대한 도움이 되는 방향으로 생각해보겠습니다."

두 번째 전화도 별 진전 없이 끊었다. 이때 점유자를 상대로 언쟁을 벌이거나 사소한 것으로 시시비비를 가려서는 안 된다. 그렇다고 저자세로 나가도 안 된다. 최대한 배려하는 대화 내용을 유지하되 언어는 명료하게 전달되도록 단호함을 가져야 한다. 감정을 조절하면서 흥분하지 않도록 조심해야 한다. 사소한 의견충돌로 인한 시비가 붙으면, 명도 기간은 점점 더 길어질 가능성이 커진다. 일단은 기다려 보기로 했다. 조급해한다고 풀어질 일이 아니기 때문이었다.

10일쯤 지나니 그쪽에서 먼저 전화가 왔다.

점유자 : 궁금해서 물어보는 건데, 제가 만약 안 나가고 버티면 어떻게 되는 겁니까?

필　자 : 사장님(점유자)께서 여쭤보시니 최악의 경우를 가정한 단계를 말씀드리겠습니다.

첫째, 명도소송을 하게 됩니다. 소송하게 되면 당연히 소송비용과 그 기간에 무상으로 사용한 주택 차임(월세)에 대한 손해배상을 청구하게 됩니다.

둘째, 확정판결로 소유재산에 대해 압류를 하게 됩니다.

셋째, 확정판결로 사장님의 예금계좌에 대해 압류를 하게 됩니다.

넷째, 낙찰자가 사장님의 재산을 발견하지 못했을 때는 법원에 신청해서 사장님의 재산이 얼마나 있다는 내용을 밝혀 달라고 하는 '재산명시신청'을 하게 됩니다. 법원에서 발송된 '재산명시신청'에 답변하지 않는 경우 구치소에 감치됩니다.

다섯째, 확정판결을 첨부해서 법원에 사장님(점유자)의 신용상에 '채무불이행자'라는 신용관리정보(구 '신용불량정보') 등록을 청구해서 '신용불량자'로 등록할 수 있습니다.

그 외에도 전문채권추심기관 위탁 등 여러 가지가 있습니다.

점유자 : 나도 사업하는 사람이라 확실히 약속을 지킬 테니 딱 2개월만 기다려 주시면 좋겠습니다. 그 시간만 주시면 이사비 없이 깨끗이 마무리하고 나가겠습니다.

점유자도 인터넷으로 알아도 보고, 아는 지인한테 물어본 모양이다. 본인이 불리하다는 사실을 안 것 같았다. 이때부터는 대화가 될 것 같았다. 앞으로 어떻게 진행될지를 차분하게 설명해주었다. 그러면 이사비용을 달라고 하지 않을 테니 월세보증금을 마련할 때까지만 2개월 여유를 달라고 사정을 했다. 그 정도는 충분히 수용이 가능한 부분이라서 명도합의서를 작성하고 합의에 이르게 되었다.

그렇게 2개월이 지나서 이사하기로 한 날 오후에 전화를 걸었다. 이사 잘하셨냐고 하면서 정말 이사를 했는지 나름 확인을 한 것이다. 이사는 잘 끝났고, 덕분에 그래도 1,000만 원짜리 월세를 얻어서 이사 잘했다며, 집은 걱정하지 말라고 깨끗이 청소하고 왔다고 했다. 배려해주셔서 고맙다는 말도 함께 전했다.

이사하는 날 저녁에 가보니 집도 깨끗하게 청소되어 있었고, 모든 공과금 비용도 완벽하게 지급이 되어 있었다. 어려운 명도가 될 줄 알았는데 나름 진득하게 기다려 준 배려심이 기분 좋은 명도로 마무리된 것이다. 이렇듯 소송까지 가는 명도는 거의 없다. 상대방 입장을 진정성 있게 가슴으로 이해하면, 대화로 얼마든지 풀어낼 수 있는 것이 명도다. 초보자들도 너무 겁먹지 말고 차분하게 대처하면 된다. 당황하지 말고 점유자의 의도 파악과 함께 상황을 이해하려고 노력해서 같은 공감대를 가지고 명도를 협의해 나가다 보면 실상 그렇게 어렵지 않다는 것을 느끼게 될 것이다. 점유자가 깨끗이 사용해서인지 이 집은 도배도 하지 않고, 수리비용도 거의 들지도 않았다. 예쁘게 청소만 해놨을 뿐인데도 단기에 매매가 되었다.

출처 : 저자 작성

점유자가 없거나, 있어도 문을 열어주지 않는 경우

점유자가 없거나 대화 자체를 안 하겠다고 전화도 안 받는 사람들도 있다. 이런 경우 방법을 찾아야 된다. 점유자에게 '연락 바란다'라는 내용의 작은 문구를 적어서 현관 밑에 꽂아 두거나 우편함 속에 넣어 놓고 오면 된다. 이때도 팁이 있다. 현관 밑에 꽂아 놓을 때 문을 열면 쪽지가 안쪽으로 움직일 수 있게 해놓아야 한다. 정말 사람이 살고 있는지, 아니면 있으면서 없는 척을 하고 있는지를 알 수 있다. 이렇게 하면 웬만하면 연락이 온다.

한편 협의가 안 될 때는 법적으로 어떻게 진행을 해야 할까? 물건을 낙찰받고 점유자를 내보내야 하는데 협의가 안 될 때도 분명히 있다. 협의가 안 될 때 경매에서는 인도명령신청을 해서 그 인도명령결정문을 가지고 명도를 한다고 하지만, 공매에서는 인도명령신청제도가 없어서 건물명도청구소송을 통해서 그 판결문을 가지고 점유자를 강제집행 해야만 한다. 이 기간이 짧게는 3~4개월이며, 당사자들이 소송에서 참석해서 반론하거나 사정하는 등의 경우에 6~8개월이 소요되기도 한다. 물론 고의로 소송을 지연시키는 경우, 1년이 훌쩍 넘기는 예도 있다. 이 부분이 공매를 포기하게 만드는 사유가 되기도 한다.

부동산 경·공매에서는 낙찰받았을 때의 즐거움과 함께 뒤따라오는 예측 불가능한 명도로 부담이 찾아오는 것은 어쩔 수 없다. 임장이나 권리분석, 입찰가를 선정하는 것은 혼자서도 할 수 있는 일이다. 하지만 명도 부분만큼은 어려움을 호소하는 경우가 많다. 명도를 잘해서 큰 수익을 내는 사람들도 있고, 명도 때문에 골치 아파하는 사람들도 많다. 투자에서 명도를 어떻게 하느냐에 따라 전문가인지, 초보자인지가 알 수 있다. 명도에는 정답이 없다. 명도 협의과정에서 냉정함을 잃지 않되 최대한 점유자를 배려하는 마음으로 다가선다면, 그 어렵다는 명도가 잘 해결될 것이다.

PART 3

여행 같은 나의
임장스토리

맛집 찾아다니면서
여행하듯 임장하기

　필자는 물건 검색 후 마음에 드는 물건을 찾으면 바로 임장 계획을 세운다. 하지만 온종일 임장만 하는 것은 아니다. 점심으로 어떤 음식을 먹고, 차는 어디서 마실지 임장을 가기 전 그 지역의 명소도 같이 찾아본다. 나에게 임장은 즐거운 여행이기 때문이다. 임장을 하면 대부분 부담스럽게 생각하는데 그럴 필요 없다. 여행을 가듯 즐겁게 가면 된다. 오전에 출발하면 충분히 현장조사도 하고, 맛있는 음식도 먹으며, 그곳의 명소도 둘러볼 수 있다. 임장은 즐거운 여행이라 생각하면 좋다. 단, 초심을 잃지 말아야 함은 당연하다.

　현장에 가면 건물 외관, 시세 조사, 주변 환경, 대중교통 등을 살피는 것을 통틀어 임장이라고 한다. 임장을 가기 전 대부분의 사람은 정보지를 한 장 들고 간다. 초보자라면 더욱 꼼꼼히 효율적인 방법으로 현장조사를 해야 하는데 말이다. 내가 편한 방법으로 쓸 수 있는 '임장 현장조사서 양식'을 하나 간단하게 만들어서 사용하면 좋다. 그래야 불필요하게 임장을 두 번 가는 일이 없다. 임장이 끝났을 때 정리가 되기도 하고 추후의 자료로도 쓸 수 있다. 물론 출퇴근 시간 때의 교통상황, 주말의 유동인구 등을 파악해야 할 때는 몇 차례의 추가 임장도 필요하다. 똑똑한 임장 방법을 습관화하는 것이 좋다. 출발하기 전에 전입세대 열람내역서, 등기사항전부증명서, 감정평가서 등을 미리 열람해보고 가는 것이 좋다.

특별한 추억 하나 만들고 간다는 기분으로 임장하자

어떻게 하면 초보자들이 임장을 여행하듯 즐겁게 갈 수 있을까? 초보자들은 처음 임장을 나가면 어떤 부분을 중점적으로 살펴볼지 감이 오지 않을 수 있다. 가볍게 여행하듯 출발해서 해당 목적지에 도착하면, 현장조사서 내용대로 꼼꼼한 기록과 사진을 남기면서 추억을 하나 만들고 간다는 기분으로 임하면 된다.

현장에 도착하면 일단 건물에 균열의 흔적이 있는지 외관부터 살핀다. 그러고는 해당 호수에 우편물이 쌓여 있는지 누구의 이름으로 우편물이 왔는지 살펴본다. 건물의 누수 여부, 수도계량기, 전기계량기, 사람이 살고 있는지부터 파악한다. 가스계량기는 빌라 외벽에 있은 경우가 많다. 건물을 둘러보다 보면 찾을 수 있다. 밸브가 세로로 돌아가 있다면 가스가 공급되고 있다는 것을 알 수 있고, 누군가 살고 있다는 것이다. 혹 밸브가 가로로 잠겨 있거나 고무마개로 막아 놓는 경우도 있는데, 이런 경우 사람이 살고 있지 않을 확률이 높다. 또한 빌라라면 옥상까지 올라가 봐야 한다. 옥상에 올라가면 방수 상태를 확인할 수 있기 때문이다. 누수 방지용 초록색 페인트가 깔끔하게 마무리되어 칠해져 있는지, 아니면 누수 가능성이 있는지 자세히 살펴봐야 한다. 옥상에서 주위를 둘러보면 그 주변 환경, 채광, 방향까지 전반적인 건물 관리 상태를 파악할 수 있기 때문이다.

인천 부평 아파트 임장 스토리

인천 부평에 있는 24평짜리 계단식 5층 소재 아파트를 낙찰받았다. 6차까지 유찰되어서 왜 그런지 궁금했다. 권리분석과 물건 조사, 시세 조사를 마치고, 이때부터 맛집을 찾아다니면서 여행하듯 임장했다. 같은 인천이지만 부평을 잘 몰랐기 때문에 해당 물건지 근처에는 어떤 음식이 맛있고, 예쁜 카페는 어디 있으며, 명소가 어디에 있는지 검색했다. 그 근처에는 맛있는 갈치 백반집이 있었다. 식당 근처에 분위기 좋은 카페도 찾았다. 그 아파트 뒤쪽으로는 원적산이 있다는 것도 알게 되었다. 6차부터 7차 입찰까지는 이틀밖에 시간이 없어 서둘러 임장을 다녀와야 했다.

다음 날 부동산 공매 정보지와 현장조사서를 챙겨서 현장에 도착했다. 주변 교통환경, 주위환경, 학군 등을 살폈다. 시장도 가깝고 뒤쪽으로 등산로도 있어 나쁘지 않았다. 그렇다면 내부에 어떤 문제가 있는 것일까? 현관 입구에 도착하니 우편함에 우편물이 수북이 쌓여 있었다. 공과금 고지서 등은 날짜가 상당히 경과한 것들이었다. 계단식 아파트였기 때문에 5층까지 올라가는데 숨이 찼다. 해당 호수 문에는 각종 전단이 가득 붙어 있었다. 분명 사람이 살고 있지 않은 것 같았다.

아파트는 관리사무소를 찾아가면
궁금한 사항을 확인할 수 있다

또 다른 문제는 무엇이 있는지 알아보려고 관리사무소로 향했다. 관리사무소에서는 그 집이 오래전부터 비어 있었다고 했다. 관리비도 200여만 원이 밀려 있다는 것이다. 그래서 많은 사람이 다녀갔지만, 그동안 아무도 입찰하지 않은 것으로 파악되었다. 권리분석만 잘하면 괜찮은 물건으로 판단했다. 다른 하자가 없는지도 상세히 물어봤다. 관리비 속에 포함되지 않고, 별도로 청구되는 난방비인 가스요금까지 도시가스공사에 전화를 걸어 미납금이 있다는 것을 확인했다. 확인한 것들을 꼼꼼히 현장조사서에 메모하고 자리를 떴다.

| 물건 인근 |

출처 : 저자 작성

계단식 5층 아파트이면 연세 많은 노인분들은 계단을 이용해야 하므로 거주하기 힘들 것이다. 하지만 신혼부부나 젊은 세대는 저렴하기만 하면, 5층은 얼마든지 이용할 수 있는 대상이 되겠다고 생각했다. 나는 해당 물건을 최종 입찰하기로 마음먹고 임장을 기분 좋게 끝냈다. 이제는 갈치 백반 맛집으로 가면 된다. 정말 맛집이 맞는지 사람들이 바글거렸다. 맛있게 갈치 백반을 먹고 소화도 시킬 겸 원적산으로 향했다. 3월인데도 산을 이용하는 사람들이 많았다. 나는 등산이 목적이 아니었기 때문에 중간 지점에서 내려왔다. 따뜻한 차 한잔을 마시기 위해 이미 찾아두었던 분위기 좋은 카페에 갔다. 차 한잔을 마시며 다시 한번 임장 현장조사서를 점검했다. 이때는 차분하게 임장 결과를 되새겨 볼 수 있고, 안 보이던 문제점이 발견될 수도 있다. 더불어 진하게 우려진 차를 음미하는 여유까지 누릴 수 있다.

유찰횟수 많다고 지레 겁먹을 필요 없다

혹시나 있을 경쟁자를 생각하며 최저입찰가보다 150만 원을 높게 썼고 필자는 낙찰이 되었다. 내 예상이 맞아떨어진 것이 너무나 기뻤다. 조금 노후한 아파트라 수리비는 좀 들었지만, 그보다 더 큰 수익을 냈다. 나는 나만의 투자 방법을 또 하나 찾은 셈이었다. 이렇듯 유찰된 물건을 대하면 무조건 싸다고 달려드는 사람이 있는 한편 "원래 싼 건 비지떡이야" 하며 포기부터 하는 사람들이 있다. 지레 입찰을 포기해버리는 것이다. 공매는 꾸준히 물건을 검색하고 입찰에 참여해야 한다. 공매에 꾸준히 관심을 두다 보면 좋은 물건이 눈에 보이기도 하고, 입찰하다 보면 높은 수익도 낼 수 있다. 하지만 많은 사람이 오랫동안 지속하지 못하고 포기해버리는 것이 안타깝다.

많이 유찰된 물건에 대한 태도는 2가지로 나뉜다. 보통 초보자의 경우 무조건 싼 물건에 관심을 가지고 접근하기 쉽다. 그러나 싼 게 비지떡인 경우가 많다. 또는 물건에 유치권이나 대항력이 있는 경우도 많다. 이런 경우 초보자는 신중하게 접근하거나 관심 대상에서 제외해야 한다. 또 다른 하나는 물건에 하자가 있다고 지레 겁먹고 포기하는 경우다. 유찰이 많이 되었다는 것은 그만큼 하자가 있기 때문이라는, 부정적인 선입견을 갖는다. 그 때문에 현장에 가보지도 않고 쉽게 포기하는 경우가 많다. 겉모습만 보고 판단하는 그런 실수를 하지 않는 것이 고수익을 챙길 수 있는 전략이다. 건축연도가 오래되었다고 부동산 가치가 없는 게 아니다. 그 주변환경, 학군, 교통상황, 문화환경, 혐오 시설 등을 잘 파악하면, 비록 개보수 비용이 들더라도 훌륭한 수익처가 될 수 있다.

☀ Tip 현장조사서

경·공매 번호	

지역		개발호재 여부	

주소(Apt명 동/호수)	

경매 일시		임장날짜 및 횟수	
등기사항전부증명서 열람 여부		전입세대열람 여부 및 체크사항	
대항력 여부		인수예상금액	

외부환경			내부환경 및 구조		
	건축연도(보존상태)			방수	
	브랜드 여부			화장실수	
	총세대수			확장/비확장	
	층/총층수			난방방식	
	방향			벽지/바닥	
	복도식/계단식			싱크대	
	E/L 여부			누수	
	주차장 및 1가구당 대수			균열	
	(주차장까지의 접근성 여부)			곰팡이/결로	
	경비실			기타 체크사항	
	관리비				
	1층 출입문 보안				
	유해시설 여부				
	공원/놀이터			공급면적	
	체육시설			전용면적	
	일조량				
	조망권				
	동 간 거리체크			전입세대열람	
	단지 내 상가 여부			체납관리비	

주위환경				주위환경			
교통	지하철			부동산 시세	인터넷	매매	
	버스					전세	
	도보					월세	
학교	유치원				실거래	매매	
	초등학교					전세	
	중학교					월세	
	고등학교			추가예상경비			
	대학교			명도예상금액			
학원				수리비용			
				취득세			
편의시설	대형마트			중개수수료			
	재래시장			기타 추가비용			
	소형마트/편의점						
	백화점			자금흐름 예상			
	영화관/쇼핑센터			자본금			
	대형병원			대출예상금			
	소형병원			수익률			
	도서관			낙찰예상가			

출처 : 저자 작성

젊은 신혼부부의
안타까운 이야기

2018년에서 2019년에 한참 대한민국이 떠들썩했던 사건으로 뉴스에도 나왔던 일이다. 120여 명의 사회경험이 부족한 사회초년생이나 신혼부부를 대상으로 약 140억 원의 손해를 끼친 사기 사건이다. 신탁물건을 이용한 전세 사기였다. 부동산 신탁에 대해서 잘 모르는 일반인들에게 부동산을 이용한 신탁담보물건을 위탁자(전 소유자)가 부동산 중개사와 공모해서 전세금을 편취한 사건이다.

신탁원부 발급이 번거롭고 권리관계 파악이 까다로운 점을 악용해서 등기사항전부증명서만을 내세워 소유권이 위탁자에게 있는 것처럼 속이거나 신탁원부의 특약사항을 거짓으로 안내하는 식의 사기다. 중개인이 신탁 사실을 사전에 고지하지 않고, 거래 위험을 인지하지 못한 피해자들이 발생하는 심각한 사건이었다.

어느 날 최근 몇 년간 인구팽창에 따른 인기 상승지역인 경기도 광주지역 물건이 내 눈에 들어왔다. 신탁 공매 물건이었는데, 신탁 등기 소유권 이전 후 전입이 이루어진 것이다. 보통은 위탁자(전 소유주)가 이미 거주하고 있거나 신축건물에 매매와 관련해서 신탁이 발생하게 되는데, 소유권 이전 등기일과 전입일이 약간의 시차가 좀 있었다.

가슴 아픈 사연이 있을 것 같은 예감이 들다

최근에 매스컴을 통한 전세 사기를 들은 후라서 이 물건에 대해 혹시나 하는 마음이 들었다. 불안한 마음을 안고 임장 물건지인 경기도 광주시로 출발했다. 실제 소유주인지, 세입자인지 반드시 확인해야 했다. 현장에 도착했을 때 막상 벨을 누르려니 덜컥 겁부터 났다. 만약 세입자이면 어쩌지? 신탁회사에서 임대를 동의하는 건 거의 없기 때문에 진짜 전세 세입자라면 가슴 아픈 사연이 발생할 것 같은 불안한 예감이 들었다.

떨리는 심정으로 벨을 눌렀다. 벨을 누르고 잠시 기다리는 순간은 말로 어떻게 설명할 수 있을까? 두려움 반, 걱정 반 정도였다. 과연 어떤 점유자인지, 소리 지르거나 무서운 사람이면 어떡하나 하는 걱정이 들었다. 그 짧은 순간 문이 열리면서 문틈으로 보이는 점유자는 젊은 청년이었다.

"누구세요? 무슨 일로 오셨죠?"
나는 당황하지 않고 차분하게 이야기를 했다.
"혹시 이 빌라가 공매로 나왔는데 알고 계신가요?"

청년은 문을 열어주면서 들어오라고 했다. 안으로 들어서니 젊은 아가씨가 반바지 차람에 불안한 눈초리로 쳐다봤다. 금방이라도 울음을 터뜨릴 것 같은 모습이었다.

이들은 신혼부부라고 했다. 신혼집이라고 하면서 본인들의 이야기를 꺼내 놓았다. 그동안 무슨 일이 있었는지 상세히 알 수 있었다. 역시나 너무나 안타까운 상황이었다. 이미 신탁물건이라는 것을 알고 찾아갔기 때문에 어떠한 상황이 발생할지 예상을 했다. 예상은 빗나가지 않았다.

신혼부부가 공인중개사 말만 철석같이 믿고 계약

본인들은 공인중개사의 말만 믿고 1억 2,000만 원의 전세 계약을 했다. 지금 본인뿐만 아니라 여러 건의 소송이 걸려서 현재 주인을 찾고 있다고 했다. 이미 검찰과 경찰에서도 수배 중이라고 이야기를 했다. 하지만 경찰에서는 검거가 되더라도 손해복구는 거의 불가능하다고 말했다는 것이다. 신부가 눈물을 글썽거리면서 말했다. 본인들은 이 사건이 일어나고서야 알았다고 했다.

소유권이 수탁자에게 넘어간 신탁물건은 통상 특약사항으로 위탁자의 대리 임대차 계약 시 수탁자의 동의를 받도록 한다. 위탁자가 임대차 계약을 맺으려면 신탁회사의 동의를 받고, 신탁관계가 기재된 신탁원부 등을 임차인에게 안내하는 것이 일반적이다. 만약 수탁자(신탁회사) 동의 없이 계약을 체결하면, 임차인은 불법 점유자로 간주하기 때문에 집을 비워야 하고, 보증금을 몽땅 날리는 최악의 사태까지 벌어지는 것이다.

나는 너무나 안타까웠다. 계약할 때 부모님이 같이 가지 않았냐고 물었다. 부모님들은 지방에 살고 계셔서 못 오셨고, 본인들은 공인중개사의 말만 믿고 계약했다는 것이다. 전혀 의심하지 않았다는 것이다. 2018년 신탁 등기된 전세 매물로 140억 원대 사기 사건이 발생한 것도 이런 이유다. 피해는 청년, 신혼부부 등 주거취약계층에게 집중되었고, 이 신혼부부도 이와 같은 케이스였다.

최종 입찰을 포기했다

부부는 신혼집이라 그런지 예쁘게 꾸며 놓고 살고 있었다. 이 집에 대한 애정이 얼마나 있는지 짐작으로 알 수 있었다. 이 집이 공매로 넘어가면 본인들은 어디로 이사 가야 할지 앞길이 막막하다고 하소연을 했다. 너무나 안타까웠다. 법적인 해결방법이 없는 상태에서 어떤 말도 위로가 되지 않을 것이다. 다음에 계약할 때는 등기사항전부증명서와 신탁원부를 잘 확인해서 계약하고, 이 일은 잘 해결되었으면 좋겠다고 위로의 말을 건넨 뒤 집을 나왔다.

나는 이후 집을 나와서 부동산 중개사무소로 발길을 돌렸다. 신혼부부 이야기를 직접 듣고 나니 마음이 무거웠다. 가까운 중개사무소에 들러 더 자세한 이야기를 들을 수 있었다. 현재 해당 중개사무소는 폐업한 상태이고, 많은 사람이 이곳에 문의하기 위해 다녀갔다는 것이다. 이 건

말고도 여러 건이 연결되어 있다고 하면서 본인들도 일일이 말해주기 힘들다고 했다. 나는 최종적으로 이 물건은 입찰하지 않기로 했다. 전세 보증금을 한 푼도 돌려받지 못하는 신혼부부가 너무도 마음에 걸리기도 했고, 낙찰 예상가액이 주변 유사물건 실거래가액과 별 차이가 나지 않았기 때문이기도 했다.

| 신탁 등기 후 전입세대 부동산 표시 |

입찰전 유의사항

❖ 당사가 진행하는 공매(공개매각)는 한국자산관리공사에서 진행하는 공매(公賣)와는 전혀 다른 일반 매매에 해당합니다. 아래 공고상 매수자가 부담하여야 하는 조건을 정확히 확인하신 후 이에 동의하는 경우에만 입찰에 참여하시기 바랍니다.

❖ 특히, 부가가치세(대상여부 공고상 기재) 및 관리비(발생일과 관계없이 전체 체납금)는 매매대금과는 별도로 매수자가 추가로 부담하여야 하는 비용이므로, 사전에 확인하시고 입찰여부를 결정하시기 바랍니다.

❖ 입찰(수의계약)에 참여한 경우 유의사항 전부에 대해 동의한 것으로 간주되어, 매수자나 제삼자의 법률적 해석을 근거로 매매계약 등 공매 조건을 부인, 변경 요청할 수 없습니다.

1. 공매 대상 부동산의 표시

입찰 번호	소재지	구분	면적(㎡)	비고 (전입세대·등록사항 열람내역 등)
1	경기도 광주시 오포읍 신현리 ████ 1층 █████호	다세대	53.28	전입 17.08.23. 김** (신탁이후)
2	경기도 광주시 오포읍 추자리 ████ 101동 4층 ████호	다세대	59.5	전입 17.06.27. 이** (신탁이후)
3	서울시 성동구 응봉동 ████ 4층 ███호	다세대	27	전입 17.09.13. 이** (신탁이후)

출처 : 온비드

| 매물 등기사항전부증명서 |

[집합건물] 경기도 광주시 오포읍 신현리 █████ 제1층 █████호

표시번호	대지권종류	대지권비율	등기원인 및 기타사항
3			2번 별도등기 말소 2013년2월8일

【 갑 구 】 (소유권에 관한 사항)

3	소유권이전	2017년2월10일 제11212호	2017년1월18일 매매	소유자 유█████ 거래가액 금190,000,000원
4	소유권이전	2017년5월25일 제37186호	2017년5월25일 신탁	수탁자 주식회사생보부동산신탁 110111-1617434 서울특별시 서초구 강남대로 299(서초동)
	신탁			신탁원부 제2017-797호
4-1	4번등기명의인표시 변경	2020년6월12일 제50175호	2020년1월22일 상호변경	주식회사생보부동산신탁의 성명(명칭) 교보자산신탁주식회사

출처 : 대법원 인터넷등기소

이 서류를 보면 신탁 등기 후 전입을 했다(소유권 이전 : 2017.5.25. 전입일 : 2017.8.23.). 이 공매 대상 물건 3건 모두 신탁 등기 이후에 전입한 사람들이다. 임차인들은 보증금을 한 푼도 못 받고 나가야 하는 상황인 것이다.

너무도 친절한
노부부

　임장은 아무리 강조해도 지나치지 않는다. 그만큼 중요하기 때문이다. 임장하기에 앞서 인터넷으로 지역조사와 시세조사까지 미리 하면 임장이 수월하다. 우리가 생필품에 필요한 것은 온라인으로 주문해서 마음에 안 들면 반품, 교환할 수 있지만 집은 그럴 수가 없다. 본인이 실수하게 되면 수정할 수 없고, 오롯이 본인이 책임을 져야 한다. 그렇기 때문에 사전 임장은 중요한 것이다.

　혹시 사이트에서 좋은 물건을 찾았다고 해서 임장도 하지 않고 입찰한다는 생각은 애초부터 하지 말자. 마음에 드는 물건을 찾았다면, 주변에 나와 있는 다른 물건도 있는지 알아보고 가능하면 비교해보는 것이 좋다. 가능한 적당한 곳에 차를 세워 두고 주변을 둘러봐야 한다. 학교와의 거리는 얼마나 되는지, 버스정류장까지는 얼마를 걸어야 하는지, 지하철역까지 얼마나 시간이 소요되는지 직접 걸어봐야 한다. 지도상으로는 정류장에서 학교까지 거리가 얼마 안 되어 보였는데, 직접 걸어보면 생각했던 것보다 다른 경우가 종종 있기 때문이다.

이 좋은 기회를 놓칠 수 없지!

경기도 부천에 있는 괜찮은 빌라 3층을 발견했다. 임장을 가기 위해 임장확인조사서와 필요한 것들을 챙겨 갔다. 현장에 도착해서 보니 주차 공간이 다른 빌라에 비해 비교적 넓어 보였다. 해당 호수에 우편함을 살짝 들추어 보니 갖은 독촉장들이 우편함에 수북이 쌓여 있었다. 현재 살고 있지 않거나 아예 독촉장들을 그냥 방치하는 것 중 하나다. 우편물 하나를 꺼내서 보니 점유자와 이름이 같았다. 이름을 확인하고 제자리에 꽂아 두었다. 주위를 둘러보고 있는데 차 한 대가 들어오면서 나이 지긋하신 노부부가 차에서 내렸다. 시장을 다녀오시는지 물건들을 잔뜩 내리고 있었다.

필　자 : (이 기회를 놓칠 수 없다는 생각에 다가가서 물건을 들어 드리며) "어르신 혹시 여기 살고 계시나요? 제가 이쪽으로 이사 계획이 있어서 둘러보고 있거든요. 이 빌라 살기 어떤가요?"

노부부 : "여기 살기 좋지요! 시장도 가깝고, 교통도 좋고!"

필　자 : "일요일이라 그런지 부동산 중개사무소에 갔더니 문을 닫았네요."

노부부 : "그래요? 여기 4층인가 집을 내놓은 것 같긴 하던데? 우리 집은 3층인데 한번 볼래요?"

필　자 : "정말요? 감사합니다!"

이런 경우가 가끔 있기는 해도 그리 많지는 않다. 이분들은 스스럼 없이 집을 보여주시겠다고 하셨다. 내가 보고자 하는 입찰물건 바로 아래 층이었기 때문에 인테리어만 차이가 있을 뿐 구조는 같을 것으로 예상이 되었다.

따뜻한 커피와 과일까지 깎아주신 노부부

노부부를 따라 3층으로 올라갔다. 비밀번호를 누르고 현관문을 열었는데, 흰색의 깨끗한 신발장과 신발들이 가지런히 놓여 있었다.

필　자 : "집이 너무 좋아 보이네요! 중문은 혹시 기본 옵션인가요?"
노부부 : "네. 처음부터 있었어요."

그러면 4층에도 중문이 설치되어 있을 가능성이 크다. 어르신은 물건들을 식탁에 올려놓은 뒤 집을 보여주시겠다고 하셨다. 거실부터 주방, 욕실, 침실까지 차례대로 보여주셨다. 주방이며, 욕실, 침실까지 너무도 마음에 드는 물건이다. 곳곳마다 정리도 잘되어 있었고, 이분들의 깔끔한 생활까지 엿볼 수 있었다.

노부부 : "차 한잔 줄까요?"
필　자 : "네, 따뜻한 커피 생각이 났는데 주시면 감사히 먹을게요!"

잠시 뒤 커피와 예쁜 접시에 과일까지 깎아주셨다.

노부부 : "우리가 살림이 많아서 좁아 보이는 거지, 원래는 넓은 집이에요"

필　자 : "집이 너무 좋은데요. 무척 마음에 들어요!"

햇빛도 잘 들고, 마트도 가깝고, 버스정류장도 가까우며, 생활하기에는 좋다고 하셨다. 임장하면서 이런 경우는 많지 않아서 감사했다. 처음 보는 사람한테 이런 친절을 베푸시다니 정말 좋은 분들이다. 노부부는 2년째 살고 있다고 하시면서 본인들의 스토리를 쏟아 내신다. 혹시 얼마에 매매하고 오셨냐고 물었다. 그것은 곤란하신지 말씀을 아끼셨다. 궁금하면 내일 중개사무소가 문을 열면 알아보라는 말씀도 덧붙여 이야기해주셨다.

현장 임장 시 선의의 거짓말도 필요하다

본인 따님이 30대인데 능력만 된다면 하나 사주고 싶다고 하신다. 아직 그런 능력은 안 된다고 하시면서 아쉬워하셨다. 따님은 직장을 다니면서 열심히 돈을 모으고 있지만, 결혼은 생각도 안 하고 있다며 푸념하셨다. 가정사까지 이야기를 다 해주시며, 여기로 이사 오면 친구도 되어줄 수 있다고 하셨다. 취미는 등산이라고 하셨다. 필자는 솔직히 등산은 취미가 없지만, 가끔 등산을 좋아해서 다닌다고 선의의 거짓말을 했다.

4층이 너무나 궁금해서 은근슬쩍 물어봤다. 4층 분들은 어떤 분들이냐고 했더니 잘 모르신단다. 얼굴을 거의 못 봤고, 뭐 하는 사람들인지 같은 주민인데도 왕래 한번 없었다고 하시면서 아쉬워하시는 것 같았다. 더 이상 4층에 대한 정보는 얻지 못했다. 남의 집에 오래 머무는 것도 민폐일 테니 이쯤에서 일어나야겠다고 하고 자리를 일어났다. 이사 오게 되면 꼭 찾아뵙겠다고 하며 인사를 하고 나오는데, 같은 주민이 되면 좋겠다고 말씀해주신다. 무척이나 정감이 가는 분들이었다. 감사하다는 말을 남기고 집에서 나왔다. 그리고 바로 옥상으로 향했다. 옥상문이 열려 있다면 방수 처리가 잘되어 있는지 볼 수 있기 때문이다.

옥상에 올라가 보자!

빌라는 아파트와는 달리 현장조사를 좀 더 세밀하게 해야 한다. 해당 물건의 내부를 볼 수 없다면 윗집이나 아랫집, 이 노부부처럼 좋은 분들을 만날 수 있다면 확인하는 것이 정말 좋다. 이분들 덕분에 이 빌라는 많은 정보를 알 수 있었다. 혹 주위 이웃분들을 만나게 되면 물어보는 것도 망설이면 안 된다. 처음에는 정말 말을 걸기도 힘들다. 하지만 용기를 내서 해보면 별거 아니라는 것을 알게 될 것이다. 빌라 같은 경우는 동 간격이 좁아 해가 잘 안 드는 경우도 많으므로 방향도 잘 봐야 한다. 해가 잘 드는지 여부를 확인해야 하고 주위를 잘 살펴봐야 한다.

관리가 잘되어 있는 빌라는 현관에 청소상태 관리내역을 공지해놓고, 관리내역도 꼼꼼하게 잘 기록되어 있다. 그리고 빌라에서는 꼭 확인해야 할 곳은 옥상이다. 특히 4층이라면 필수로 옥상을 체크해야 한다. 옥상에 올라가서 보면 초록색 옥상이 있고, 아닌 곳이 있다. 초록색 코

팅으로 되어 있다면 방수처리가 잘되어 있다는 것이다. 깔끔하게 초록색 페인트 코팅이 되어 있지 않거나, 중간중간에 크랙(틈)이 있다면 아랫집 어딘가 천장이나 벽 쪽에 누수가 될 여지도 있다고 봐야 한다. 이 빌라는 이 정도면 방수 처리는 잘되어 있는 듯했다.

| 물건 옥상 |

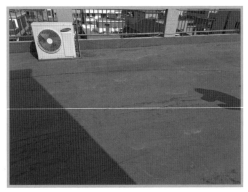

출처: 저자 작성

| 물건 상세 위치도 |

출처 : 카카오맵

| 물건정보 |

임장 시 꼭 점유자를 만나야 할까?

사실 점유자를 만나는 것은 두려운 일이다. 전액 배당받는 임차인을 제외하고, 소유주이면 본인 집을 뺏겼다고 생각할 것이다. 일부만 배당받는 임차인인 경우에도 낙찰자에게 일부라도 보상을 받기 위해 거부 반응을 보이거나 억지 떼를 쓰는 경우가 많기 때문에 조심스럽게 다가가게 된다. 용기를 내서 점유자를 만날 수 있으면 과감하게 도전해보는 것이 좋다. 그들의 사정을 들으면서 나중에 대화로 명도를 쉽게 끝낼 수 있고 집 안을 살펴볼 수 있는 기회도 생기기 때문이다.

현장조사 때 소유자(점유자)를 직접 만나는 일은 정말 드물다. 그만큼 어렵다는 이야기다. 만나주지도 않거니와 문도 안 열어 주는 경우가 많다. 점유자를 만나지 않고도 정보를 얻어낼 수 있는 경우도 있다. 일반적인 물건들은 입찰 전에 굳이 만나지 않아도 된다. 정말 궁금하면 위에서 말한 것처럼 주민이나 옆집, 아랫집, 윗집에 도움을 요청하면 싫어하는 사람들도 있지만, 의외로 거부반응 없이 보여주는 경우도 있다. 하지만 정말 꼭 낙찰을 받고 싶거나, 명도가 어려울 것 같은 집이거나, 집이 너무 오래되어 많은 수리가 필요할 것 같으면 반드시 내부를 확인하고 입찰하길 권한다. 이 사례처럼 좋은 이웃분을 만나 집 내부를 볼 수 있는 날은 운이 정말 좋은 날이다. 집도 마음에 들었고 낙찰받고 싶었다. 하지만 2등으로 패찰해 아쉬운 물건이었다. 결국 친절했던 노부부는 다시 만날 기회는 없을 것이다.

둘째 딸,
공매에 관심을 보이다

어느 날 둘째 딸이 물었다.

"엄마 공매는 어떻게 하는 거예요?"

옆에서 늘 지켜보던 딸이 궁금했던 것이다. 그러면서 "엄마 나도 할수 있을까요?"라고 물었다. "당연하지! 열심히 배우고 노력하면 엄마보다 더 잘할 수 있을걸!" 하고 대답해주었다.

요즘 2030세대는 재테크에 관심이 많다. 담보대출, 신용대출을 받아서 집을 살 만큼 열기가 대단하다. 대출금으로 부동산, 주식, 암호 화폐 등에 투자하는 것에 염려스러운 말들이 많은 것은 사실이다. 하지만 그만큼 재테크에 관심이 있다는 이야기다. 그래서인지 둘째 딸은 부동산에 유독 관심이 많다. 주말이면 임장도 따라다니고 틈틈이 공부도 하며 노력하고 있다. 요즘은 종잣돈을 모아야 한다며 악착같이 짠순이가 되어 가는 것이 기특해보이기도 하다.

이래서 엄마가 "임장! 임장!" 하는 거였구나!

몇 년 동안을 힘들어하고 어둡기만 했던 엄마가 즐겁게 일하는 것 같고, 공매로 수익을 내고 있으니 많이 궁금했을 것이다.

어느 토요일 아침 임장 가려고 준비 중이었다. 둘째 딸이 따라가겠다고 나선다. "오늘 여러 곳을 보고 와야 하는데 괜찮겠어? 오늘 저녁에나 올 수 있을 거야!"라고 말했는데, "오늘 할 일 없다" 하며 같이 가자고 나선다. 그냥 관심인지 알았는데 내심 진지해 보였다.

그렇게 우리는 준비를 하고 목적지로 출발했다. 토요일 아침이라 도로는 한산했다. 남편, 딸과 함께 가니 여행 가는 기분이었다. 늘 임장은 여행처럼 떠나야 즐겁다. 마실 물, 커피를 챙기고, 귤도 몇 개 챙겨서 출발했다.

1시간 정도 걸려서 도착한 첫 번째 빌라는 경기도 광주시 목현동이었다. 감정평가서에는 차량 출입이 용이하고, 노선 버스정류장이 가깝다고 되어 있었다. 대중교통 상황도 괜찮다고 기록되어 있었다.

큰 문제가 없을 줄 알았는데 들어서는 입구부터 난해했다. 비탈길이 생각했던 것보다 훨씬 가파르고 로드뷰로 볼 때와는 사뭇 달랐다. 해당 빌라는 골목 깊숙한 곳에 있었고, 외관상으로도 좋아 보이지 않았다. 특히 겨울에는 출입이 힘들겠다는 생각이 들었다. 외관부터 마음에 들지 않는 데다 벽쪽으로 스크래치도 심했다.

아쉬움을 뒤로하고 돌아서는 순간, 딸이 "이래서 엄마가 임장! 임장! 하는 거였구나!"라고 했다.

두 번째 장소로 출발하면서 딸과 많은 이야기를 했다. 임장은 필수 중의 필수고, 그래야 실수가 없다고 말했다. 이런 것들이 경험으로 쌓여서 나만의 자산이 될 수 있다는 이야기를 해주었다. 직장생활하면서 주말에 쉬지도 못하고 여기까지 따라오느라 피곤할 텐데 군소리가 없는 것을 보면 제법 진지하다.

두 번째 빌라는 첫 번째 빌라에서 멀지 않은 회덕동이었다. 빌라는 시내에서도 한참을 들어간 곳에 있었고, 도로는 좁고 가끔 비포장 도로여서 덜컹거렸다. 딸이 말하길 롤러코스터를 타는 것 같다고 했다. 도착해서 보니 이곳은 전원주택단지 안에 있는 빌라였다. 주변으로는 예쁜 전원주택단지들이 들어서 있었고 그 사이에 빌라가 있었다. 차를 가지고 이동하면 무리는 없는 듯했다. 하지만 도로가 좋지 않아서 학생들이나 노인분들은 이동하기 힘들겠다는 생각이 들었다. 도착해서 보니 빌라가 있는 곳은 전원주택단지와는 달리 위치가 좋지 않았다. 단독주택단지라서 개인 집으로 보면 괜찮은데, 여기 속해 있는 빌라는 크게 메리트가 없어 보였다. 이런 집들은 수없이 봤기 때문에 미련을 두지 말고 빨리 포기하는 것이 좋다.

"엄마, 나는 젊어서 그런가 괜찮은데!"

세 번째 빌라는 양벌리에 있었다. 4층이었는데 엘리베이터가 없어서 올라가는 데 너무 힘이 들었다. 잠시 숨 고르기를 하는데 딸이 이야기한다. "엄마. 나는 젊어서 그런가 괜찮은데!"라며 너스레를 떤다. "엄마는 숨이 턱까지 찼구먼! 그래 넌 젊어서 좋겠다!"라고 대답해주었다. 엘리베이터가 없는 4층은 역시 힘이 들어서 엘리베이터가 있었으면 좋았겠다고 생각했다.

약간의 아쉬움이 남았는데, 옥상 문이 열려 있어서 옥상으로 올라갔다. 4층이라 그런지 뷰는 괜찮았다. 방수 처리도 잘되어 있어 초록색으로 말끔하게 칠해져 있었다. 이 집은 시설은 좋은데 엘리베이터가 없는 4층이고, 또 다소 외진 곳에 있어서 물건에 대한 아쉬움을 뒤로하고 옥상을 내려왔다. 이렇게 3곳을 보고 나니 배가 고팠다.

같이 임장 나온 딸에게 맛있는 음식을 사주고 싶어서 맛집을 찾아놓았다. 미리 집에서 점심 먹을 장소를 검색하고 왔기 때문에 바로 한정식집으로 향했다. 맛집이라 그런지 사람들이 너무 많아서 기다려야 했지만, 그것마저도 딸과 함께여서 그런지 지루하지 않았다.

누가 나한테 이런 임장을 시켜주겠어!

3군데를 보면서 느낀 것이 있는지 딸이 말했다.

"엄마가 이래서 임장을 다니는구나! 임장의 중요성이 뭔지 몰랐는데, 조금은 알 것 같아. 너무 좋은 경험이야. 누가 이렇게 나한테 임장을 시켜주겠어?"

말하는 중에 음식이 나오기 시작했다. 정말 맛나게 차려진 한정식이었다. 고기도 푸짐했고, 게장도 있고, 정갈하게 끓인 된장찌개 맛은 정말 일품이었다. 나물들도 다양하고 맛이 있었다. 딸아이는 따라오길 너무 잘했다며 다음에도 또 오겠단다. 맛있게 먹고 한쪽에 준비된 카페로 이동했다. 예쁘게 꾸며져 있어 이곳에서 커피를 한잔 마셔도 좋을 것 같았다. 분위기도 좋고 커피 또한 맛이 좋았다.

점심도 먹었고 여유롭게 4번째 집으로 향했다. 4번째 집은 좀 괜찮겠지 은근히 기대하며 도착했다. 생활여건도 좋고, 위치도 좋고, 방향도 좋았다. 필로티 1층이라 이동도 쉬울 것 같았다. 그래도 온 보람이 있다고 생각했다. 하지만 딱 한 가지 집에서부터 걱정했던 부분이 마음에 걸렸다. 모든 것이 무난했는데 점유자가 있는 집이라 내부 확인을 해봐야 하는 상황이었다. 공매는 임장 처음부터 확인해봐야 후회도 없고, 포기도 빠르고, 다음 물건을 찾을 수 있기 때문에 과감히 결정을 내려야 한다. 딸아이가 있어서 망설였다. 어떤 상황이 닥칠지 모르기 때문이다.

재수 없다고 문을 꽝하고 닫는 사람, 하지 말아야 할 욕을 하는 사람, 어떤 예기치 못한 상황이 딸한테 닥칠지 모르기 때문이다. 이렇게 이야기를 하니 본인은 차에서 기다리겠다고 한다. 하지만 걱정되는 모양이다. 조심하라며 너무도 걱정스러운 눈빛으로 바라봤다.

"딸아! 임장은 이런 것이다! 실패로 돌아갈 때도 많다"

점유자가 현재 처한 상황을 알고 있는지 묻고, 어떻게 하실 것인지 의도를 파악하는 것도 중요하다. 출입구 문을 열고 들어갔다. 숨을 한번 고르고 벨을 누르고 기다리는데 70세 정도 되시는 할아버지가 문을 열어 주셨다. 상황을 말하니 본인은 모르고, 며느리랑 통화하라고 핸드폰을 바꿔주셨다. 핸드폰 너머로 며느리라는 분이 단호하게 "상황은 다 알고 있다. 지금 잘 처리 중이니 알아서 판단하라"고 하며 신경질이 난 듯 급하게 전화를 끊어버렸다. 할아버지는 본인은 아무것도 모르니 며느리와 알아서 하라고 하시면서 걱정스러운 표정을 지으신다. 며느님이 처리 잘하실 거니까 걱정하지 마시라고 말씀을 드리고, 할아버지께 가벼운 인사를 뒤로하고 집을 나왔다.

만약 두려워서 이 집 벨을 누르지 않았더라면 미련이 계속 남았을 것이다. 1차부터 6차까지 진행될 때마다 계속 시간낭비를 했을 것이다. 이 집은 집 상태가 너무 좋았기 때문에 미련은 남지만, 그래도 시간을 끌지 않아서 다행이었다. 이렇게 4곳 임장은 모두 끝이 났다. 오늘 물건 중에 별 이득은 없었지만, 늘 좋은 물건만 있는 것은 아니다. 딸에게 임장은 이런 것이다 하고 보여주었다. 임장은 이렇게 실패로 돌아갈 때도 많다. 실천으로 보여준 하루였지만, 하나도 피곤하지 않았고 마음이 뿌듯했다.

딸은 엄마가 주말이면 집에 없어서 가끔 마음이 상하기도 했는데, 이렇게 열심히 임장을 다녔냐며, 이제야 이해하겠다고 말했다.
임장이 왜 필요한지 다 알지는 못하지만, 조금은 이해가 간다며 다음에도 또 따라 오겠다고 했다. 본인도 열심히 배워서 낙찰받아 보고 싶다고 했다.

이 물건은 며칠 후 알아보니 체납액 납부 약속으로, 결국 취소가 되었다. 며느리가 해결한 모양이다. 이렇듯 공매는 체납액 납부로 취소되는 경우가 종종 있으므로, 늘 관심을 두고 지켜봐야 한다. 이 물건으로 둘째 딸에게 정말 좋은 경험을 안겨준 셈이다. 하나하나 배우다 보면 언젠

가는 딸에게도 낙찰의 기쁨이 올 것이다.

| 물건입찰 결과 |

▶ **입찰결과 (6건)** · 공매 보류 및 종결된 압류재산은 관련 법령에 따라 일부 정보만 공개   더보기 +

물건정보	최저입찰가 (예정금액)(원)	낙찰가(원)	낙찰가율(%)	입찰결과	개찰일시	입찰상세
2020-03670-001 경기도 광주시 쌍령동 **** [주거용건물/다세대주택] [토지 52.25㎡] [건물 73.18㎡]	93,000,000	-	-	취소	2022-03-17 11:00	상세이동
2020-03670-001 경기도 광주시 쌍령동 **** [주거용건물/다세대주택] [토지 52.25㎡] [건물 73.18㎡]	111,600,000	-	-	취소	2022-03-10 11:00	상세이동
2020-03670-001 경기도 광주시 쌍령동 **** [주거용건물/다세대주택] [토지 52.25㎡] [건물 73.18㎡]	130,200,000	-	-	취소	2022-03-03 11:00	상세이동

▌ **상세입찰결과**

물건관리번호	2020-03670-001		
재산구분	압류재산(캠코)	담당부점	서울동부지역본부
물건명	경기도 광주시 쌍령동 ****		
공고번호	202112-37185-00	회차 / 차수	010 / 001
처분방식	매각	입찰방식/경쟁방식	최고가방식 / 일반경쟁
입찰기간	2022-03-14 10:00 ~ 2022-03-16 17:00	총액/단가	총액
개찰시작일시	-	집행완료일시	-
입찰자수	-		
개찰결과	취소		
유찰/취소사유	체납액납부약속		
감정가 (최초 최저입찰가)	186,000,000원	최저입찰가	93,000,000원

출처 : 온비드

드디어 둘째 딸이
낙찰받다

공매에 관심을 두고 임장을 따라다니더니 드디어 둘째 딸이 낙찰을 받았다. 꾸준한 저축과 모아둔 종잣돈으로 이루어낸 결과다. 생애 최초로 낙찰의 기쁨을 맛보고, 자기 이름으로 된 집이 생겼다. 등기된 등기사항전부증명서에 본인 이름이 들어가 있는 것을 본 딸은 감격하며 뛸 듯이 좋아했다.

지금부터 딸의 우여곡절 낙찰 스토리를 적어 보려고 한다. 딸은 유독 부동산에 관심이 많고, 엄마가 하는 공매에 궁금했던 것을 자주 물었다. 악착같이 임장도 따라다니더니 그 꾸준함이 좋은 결과를 가져온 것이다.

마침 딸아이 직장 때문에 단독세대로 주소 이전이 가능했던 사연부터 적어 보겠다. 만 30세가 되지 않았기 때문에 단독가구주는 일정 요건을 갖추지 않으면 할 수가 없다. 그렇기 때문에 여기서부터 난관에 부딪혔다. 하지만 방법은 있었다. 직장을 다니거나 그만큼 일정한 소득을 증명할 수 있는 요건을 갖춘다면 가능했다.

또 하나는 세금에 관한 문제를 풀어야 했다. 투자 목적이 장기 임대 수익이 아니라 단기매매 목적이었으므로, 1년 이내 매도 시 77%(지방세 포함), 2년 이내 66%가 적용되어 수익을 기대하기가 어려워 합법적 절세를 위해 사업자등록을 해야 했다. 인터넷 국세청 홈택스(hometax.go.kr)에서 사업자등록을 신청했다. 통상적으로 1일 이내면 처리되는데, 3일이 지난 시점까지도 처리 완료가 되지 않아 지방세무서 담당자와 통화했다. 담당자는 딸의 나이가 어려 실제 명의자 여부, 실제 사업 예정 여부 등의 의심으로, 사업자등록 신고 수리를 보류하고 있었다고 했다. 담당자에게 본인 소유 자금 현황, 그리고 사업계획을 설명 후 간신히 신고 수리가 완료되었다. 통상적으로 길어야 2일이면 가능한 사업자등록이 4일이나 걸렸다.

잔금 납부일에 법무사에서 실거래가 신고를 하고 등기를 하는데, 시청 세무과에서 둘째 딸의 소득금액증명 서류 외에 추가로 재직증명서를 요구했다. 직장에 재직 중인 둘째 딸의 재직증명서를 시청 세무과로 직접 팩스를 보내고 나서야 등기 절차가 마무리되었다. 웬만한 행정서류는 정부24(www.gov.kr)에서 출력할 수 있다. 하지만 재직증명서는 직접 회사에 요청해서 받을 수 있는 서류다. 이런 문제를 하나하나 잘 짚고 넘어가야 낭패를 피할 수 있다. 이런 서류들은 미리 준비하는 것이 좋다. 그때 임박해서 하면 불안하기도 하고, 시간상 맞지 않아 차질이 생길 수 있기 때문이다. 이런 절차들은 요즘 세제문제, 대출문제 등이 강화되었기 때문에 미리미리 확인하고 진행해야 한다.

낙찰받은 물건은 딸과 함께 임장을 갔었는데, 4층 복층에 테라스가 있는 집이었다. 조망권이 탁 트여 있었고, 경강선 초월역까지 도보로 전철역도 가까웠다. 초등학교, 중학교, 고등학교가 가까이 있어 학군도 좋았다. 또 하나의 호재가 있었다. 근처에 힐스테이트 초월역 아파트가 공사 중이어서 근처 인프라까지 누릴 수 있게 된 것이다. 처음에는 감정가가 너무 높아서 한동안 지켜만 보던 물건이었다. 둘째 딸의 자금 사정을 알고 있었기 때문에 무리할 수 없었다. 최대한 본인의 자금으로 입찰에 참여하게 했다. 그래야 보람도 있고, 낙찰의 기쁨을 더 느낄 수 있기 때문이다. 이 물건은 대출 80%를 받고 진행해서 딸이 가진 자금으로 진행할 수 있었다. 둘째 딸은 대출을 받는 날 회사에서 반차를 내고 은행을 찾아갔다. 대출을 받는데 그렇게 떨리더란다. 생애 처음 은행에서 대출을 받아보니 좋기도 하고 겁도 났다고 했다.

| 물건정보 |

출처 : 온비드

| 물건면적정보와 위치 및 이용 현황 |

물건 세부 정보	입찰 정보	시세 및 낙찰 통계	주변정보
	부가정보		

▌면적 정보

- ·토지면적 66.67㎡   ·건물면적 79.5㎡

번호	종별(지목)	면적	지분	비고
		조회된 데이타가 없습니다.		

▌위치 및 이용현황

소재지	지번	경기도 광주시 초월읍 ▓▓▓▓▓▓
	도로명	경기도 광주시 초월읍 ▓▓▓▓▓▓
위치 및 부근현황		본 건은 경기도 광주시 초월읍 쌍동리 소재 "초월중학교" 서측 인근에 위치하며, 인근에 다세대주택, 아파트 단지, 근린생활시설 등이 소재하며 제반 주위 환경은 보통임. 본건 인근에 버스정류장이 소재하는 등 주위 교통상황은 보통임.
이용현황		다세대주택으로 이용 중. (전입세대 있음: 2018.11.27. 장**)
기타사항		· 당사가 진행하는 공매(공개매각)는 한국자산관리공사에서 진행하는 공매(公賣)와는 전혀 다른 일반 매매에 해당합니다. 아래 공고상 매수자가 부담하여야 하는 조건을 정확히 확인하신 후 이에 동의하는 경우에만 입찰에 참여하시기 바랍니다. · 특히, 부가가치세(대상여부 공고상 기재) 및 관리비(발생일과 관계없이 전체 체납금)는 매매대금과는 별도로 매수자가 추가로 부담하여야 하는 비용이므로, 사전에 확인하시고 입찰여부를 결정하시기 바랍니다. · 입찰(수의계약)에 참여하는 경우 유의사항 전부에 대해 동의한 것으로 간주되며, 매수자나 제3자의 법률적 해석을 근거로 매매계약 등 공매 조건을 부인, 변경 요청할 수 없습니다. * 철근콘크리트구조 (철근)콘크리트(경사슬라브) 외벽 : 치장벽돌 붙임마감 등 창호 : pvc 이중창호임 * 본건 공매부동산에 관한 자세한 현황은 온비드 공고상 첨부된 공매공고 및 감정평가서 등을 토대로 입찰자가 직접 제반서류 및 현장 등을 확인하셔야 하며, 사진 및 첨부파일, 공고내용 등의 내용과 실제 현황이 다른 경우라도 매도자는 이에 대해 책임을 부담하지 않습니다. (만일, 공고내용과 물건등록내용, 첨부파일 등의 내용이 상이한 경우에는 반드시 공매 담당자에게 연락을 주시기 바랍니다.)

▌감정평가정보

감정평가기관	평가일	평가금액(원)	감정평가서
대일감정원 경인지사	2021-01-11	427,000,000	⬇ 감정평가서

▌명도이전책임 및 부대조건

명도책임	매수자
부대조건	전입세대, 임차인, 거주자 명도책임은 매수자에게 있습니다.

출처 : 온비드

| 물건 호별 배치도 |

본건 (더숲2차 제103동 제4층 제402호)

출처 : 온비드 공매 물건 감정평가서

| 물건입찰이력정보 |

▌입찰이력정보

10줄씩 보기 ▼ 정렬

회차/차수	입찰번호	처분방식	개찰일시	최저입찰가	입찰결과	낙찰가/낙찰가율	상세입찰결과
004/001	0001	매각	2022-02-16 09:00	240,000,000원	유찰	-	상세이동
003/001	0001	매각	2022-02-14 09:00	245,000,000원	유찰	-	상세이동
002/001	0001	매각	2022-02-10 09:00	250,000,000원	유찰	-	상세이동
001/001	0001	매각	2022-02-08 09:00	256,200,000원	유찰	-	상세이동
006/001	0001	매각	2021-06-03 09:00	256,200,000원	유찰	-	상세이동
005/001	0001	매각	2021-06-01 09:00	280,300,000원	유찰	-	상세이동
004/001	0001	매각	2021-05-28 09:00	311,400,000원	유찰	-	상세이동
003/001	0001	매각	2021-05-26 09:00	345,900,000원	유찰	-	상세이동
002/001	0001	매각	2021-05-24 09:00	384,300,000원	유찰	-	상세이동
001/001	0001	매각	2021-05-20 09:00	427,000,000원	유찰	-	상세이동

출처 : 온비드

이 물건은 감정가가 처음에 4억 2,700만 원까지 평가되어 있었다. 하지만 계속 유찰이 진행되면서 둘째 딸은 희망을 가질 수 있었다. 10차까지 유찰이 된 것이다. 이 정도면 입찰이 가능할 것 같아서 둘째 딸과 상의하고 고민한 끝에 입찰을 진행했고, 결국은 딸의 물건이 되었다. 인내심을 가지고 기다리며, 끝없이 도전한 것이 이런 결과를 가져온 것이다. 꾸준함과 도전이란 그 무엇과도 바꿀 수 없는 중요한 경험인 것 같다. 앞으로 이 한 번의 낙찰로 인해 딸의 공매 관심도가 엄청나게 높아질 것으로 보인다.

20대 공매 초보자인 둘째 딸의 역경 극복사항을 정리해보면 모두 4가지다.

첫 번째, 20대에 단독세대주를 구성하려면 소득요건과 별도 독립세대가 이루어져야 한다.

두 번째, 세금 절세를 위해서 개인 사업자 등록을 해야 한다.

세 번째, 종잣돈을 모으기 위한 본인의 악착같은 노력이 필요하다.

네 번째, 공매에 관한 관심과 꾸준함이 있어야 한다.

이러한 여러 가지 요건들을 갖추어야 입찰에 참여할 수 있는 것이다. 하지만 이 또한 본인이 반드시 이루겠다는 의지와 실행력이 중요함을 또 한번 강조하고 싶다.

| 물건 등기사항전부증명서 소유권 관련 사항 |

【 갑 구 】 （소유권에 관한 사항）				
순위번호	등 기 목 적	접 수	등 기 원 인	권리자 및 기타사항
1	소유권보존	2018년11월6일 제86758호		공유자 지분 14분의 5 주식회사에프씨앤지 134211-░░░░░ 경기도 광주시 초월읍 도곡길 ░░ 지분 14분의 9 김░ 경기도 광주시 초월읍 도곡길 ░░
2	공유자전원지분전부 이전	2018년11월22일 제92223호	2018년9월27일 매매	소유자 ░░░░░░░ 경기도 용인시 수지구 문인로░░░░░ （풍덕천동）
3	소유권이전	2018년11월22일 제92224호	2018년11월22일 신탁	수탁자 주식회사생보부동산신탁 110111-1617434 서울특별시 강남구 테헤란로 424(대치동, 한생명 대치타워)
	신탁			신탁원부 제2018-4927호
3-1	3번등기명의인표시 변경	2022년1월27일 제5614호	2020년1월22일 상호변경	주식회사생보부동산신탁의 성명(명칭) 교보자산신탁주식회사
4	소유권이전	2022년6월17일 제40998호	2022년5월19일 매매	소유자 한░░ 인천광역시 미추홀구 경인로326번길 ░░░░░░░░ 거래가액 금240,000,000원

출처 : 대법원 인터넷등기소

전세 사기 당하지
않는 방법

요즘 전세 사기 피해가 매스컴에서 자주 나오고 있다. 전세 사기 피해는 흔히 말하는 깡통전세, 전세보증금이 매매가보다 높은 경우에 피해가 발생하거나 시세를 알기 어려운 신축빌라 등에서 주로 발생한다. 시세를 부풀려 임대차계약 후 계약기간이 만료되어도 보증금을 반환하지 않는 경우다. 임대차보호법이 있는데도 전세 사기는 여전히 발생하고 있다. 사회초년생들이나 신혼부부, 취약계층 등은 월세보다 전세로 시작하는 경우가 많다. 하지만 이제는 전세 사기를 당하지 않고 내 전세금은 내가 지켜야 한다. 전세 사기를 당하지 않으려면 잘 알아야 한다.

임대차계약 체결 전에 꼭 확인할 사항

1. 시세 확인

임차물건의 시세를 확인해서 매매가 대비 전세보증금을 알아봐야 한다. 전세보증금이 적정한지를 확인해야 한다.

* 시세확인 : 국토교통부 실거래가 공개시스템(rt.molit.go.kr), KB부동산시세, 한국부동산원 등

2. 건축물대장, 등기사항전부증명서, 전입세대열람내역서 등 공부 확인

① **건축물대장** : 소재지, 면적, 위반건축물(불법건축물) 여부 등을 확인한다.

  * 정부24 웹(www. gov.kr)/앱 등을 통해 발급

② **등기사항전부증명서** : 소유자 정보, 소재지, 면적, 압류, 근저당권 등 선순위 권리관계 등을 확인한다.

  * 인터넷등기소 웹(www.iros.go.kr)/앱, 무인민원발급기, 법원 방문 등

③ **전입세대열람내역서** : 임대인에게 요청해서 선순위 임차인 유무, 이중계약 여부, 다가구주택의 경우 임대차 계약 현황, 보증금 총액 등을 확인해본다.

  - 계약 체결 후에는 가까운 행정복지센터에서 임대차계약서 지참해 열람 가능

3. 등기사항전부증명서 소유자와 계약자가 같은 사람인지 확인

① 계약자가 동일인물인지 확인하려면 주민등록증, 인감증명서(본인서명사실확인서) 진위를 확인한다.

  * 운전면허증 진위확인 : 경찰청교통민원24(www.efine.go.kr)→ 운전면허·조사예약 → 운전면허증 진위 여부 조회
  * 주민등록증, 인감증명서(본인명의서명사실확인서) 진위확인

② 대리인과 계약 시 : 위임장과 인감증명서(발급용도 : 부동산 임대차 계약용)를 확인하고, 소유자와 문자를 주고받거나 영상 통화를 해서 신분증 사진과 얼굴이 같은지 대조하고 계약 내용을 확인한다.

4. 미납국세가 있는지 확인

① 당해세 : 법정기일이 빠른 세금 등은 임차보증금보다 우선하므로 세금 체납 여부를 확인한다.

* 당해세는 해당 부동산 자체에 부과된 재산세, 상속세, 종합부동산세 등을 말함

② 확인방법 : 임대인의 동의를 얻어서 미납국세 등을 열람하거나 국세, 지방세 납부증명서를 임대인에게 요구해서 체납 내역을 확인한다.

5. 계약서 특약사항 기재

임대차 계약과 관련한 중요한 사항을 구체적으로 특약사항에 기재해 나중에 임대차 계약과 관련한 분쟁을 예방하는 것이 좋다.

(근저당권 설정 방지를 위한 특약을 위한 예시)

전입신고 효력이 발생하는 계약일 다음 날까지 제한물권을 설정하지 않고, 등기사항전부증명서를 계약 당시 상태와 동일하게 할 것을 반드시 유지한다.

(근저당권 설정된 경우 특약을 위한 예시)

잔금일 전까지 근저당권을 말소한다. 이를 이행하지 않으면 임대차계약은 무효 내지 해제하기로 한다.

계약 체결 후에 확인할 사항(임차인의 권리행사 요건 등)

1. 잔금 지급 전에 등기사항전부증명서를 꼭 확인

임대인 명의계좌로 잔금을 입금하기 전 등기사항전부증명서를 통해 선순위 권리관계 등을 다시 한번 확인해야 한다.

2. 주택 인도와 전입신고 ➡ (대항력 확보)

① 주택 인도(점유)와 전입신고를 완료하면 그다음 날 0시부터 제삼자에 대해서 대항력 있는 임차인 요건을 갖추게 된다.

② 단, 등기사항전부증명서상의 근저당권이나 가압류 등 다른 권리보다 우선해서 대항요건(주택의 인도와 전입신고)을 갖추어야만 대항력이 인정된다.

   * 신고방법 : 행정복지센터를 방문하거나 정부24를 이용

③ 유의사항은 전입신고(다음 날 0시 효력 발생)와 근저당권 설정이 같은 날 동시에 진행될 경우 근저당 설정 등기는 등기를 신청한 당일부터 효력이 발생하기 때문에 대항력은 인정되지 않는다.

④ 근저당 설정 전에 대항요건을 갖추어야 한다. 해당 내용에 대해 계약서에 계약 당시와 같은 상태로 유지한다는 특약사항을 기재한다.

⑤ 임대차가 종료되었음에도 보증금을 돌려받지 못하고 이사 가는 경우, 주택 소재지 관할 법원에 임차권 등기 명령을 신청하고, 임차권 등기를 마치면 이미 취득한 임차인의 지위(대항력, 우선변제권)를 유지할 수 있다.

3. 확정일자 부여(우선변제권 확보)

① 계약서에 확정일자까지 받으면 후순위 권리자나 그 밖에 채권자에 우선해 변제받을 수 있는 우선변제권을 갖추게 된다.

② 보증금액 증액 시 : 계약기간에 보증금을 증액하거나 재계약 또는 계약갱신 과정에서 보증금을 증액한 경우에는 반드시 확정일자를 다시 받아야 한다.

4. 임차인 권리행사를 위한 요건 유지기간

등기사항전부증명서상에 표시된 공매공고 등기일 이전에 요건을 갖추고, 공매통지서에 안내된 배분요구종기까지 요건을 유지해야 한다.

요건	주택	거주	전입신고	등기사항전부증명서상 다른 채권자의 권리 설정일자보다 먼저 요건을 갖추면 임차보증금 전액을 받을 수 있다.
	상가	점유	사업자등록	

요건	주택	거주	전입신고	소액	소액 기준에 해당하는 금액을 다른 채권자보다 최우선으로 변제받을 수 있다.
	상가	점유	사업자등록	임차보증금	

요건	주택	거주	전입신고	확정일자	다른 채권자보다 우선순위(설정일자.단, 국세·지방세의 경우 법정기일)를 비교해서 순위에 따라 임차보증금을 변제받을 수 있다.
	상가	점유	사업자등록		

출처 : 온비드

> ### 확정일자 있는 임차인의 권리 기준일
>
> ① 전입신고(사업자등록)일자와 확정일자가 같은 날인 경우 – 전입신고(사업자등록) 다음 날 0시
> ② 전입신고(사업자등록)일자보다 확정일자가 빠른 경우 – 전입신고(사업자등록) 다음 날 0시
> ③ 전입신고(사업자등록)일자보다 확정일자가 늦은 경우 – 확정일자

5. 임대차 신고 의무

① 임대차 계약 당사자가 임대 주택의 관할 행정복지센터에 신고할 수 있고, 부동산거래시스템을 통해 온라인으로 신고(2023년 6월부터 의무화)

② 신고대상은 수도권 전역, 광역시, 세종시, 제주시 및 도의 시 지역(군은 제외)에서 보증금 6,000만 원 또는 월차임 30만 원을 초과하는 주택임대차계약 대상

③ 신고의무는 계약 체결일로부터 30일 이내 임대인, 임차인 공동 신고

④ 임대차 신고 접수를 완료한 경우 임대차 신고필증상 접수완료일에 확정일자가 부여된 것으로 간주

- **주택 소재 관할 행정복지센터를 방문해서 전입신고하는 경우 임대차계약서를 함께 제출하면, 임대차계약신고(확정일)까지 한꺼번에 처리할 수 있다.**

1. 전세보증금 반환보증보험 가입

전세보증은 임대차 계약이 종료되면 임대인이 임차인에게 전세보증금의 반환을 책임지는 보증상품으로, 임대인이 전세보증금을 반환하지 않을 경우 보증사를 통해서 전세보증금을 받을 수 있다.

- 가입방법 : 주택도시보증공사, 한국주택금융공사, 서울보증보험을 통해 가입할 수 있고, 가입요건, 보증금액, 보증신청기한 등이 다르므로 본인에게 맞는 상품을 비교한 후에 가입하면 된다.

2. 전세권 설정

① 사택 등 전입신고가 곤란한 경우에는 등기사항전부증명서상 전세권을 설정해서 보증금을 보호받을 수 있다.

② 전세권은 전세보증금을 지급하고 타인의 부동산을 일정기간 그 용도에 따라 사용, 수익한 후에 그 부동산을 반환하고 전세금을 반환받는 권리로, 임대인의 동의가 필요하다.

③ 등기된 전세권 권리 후순위 권리자나 기타 채권자보다 전세금을 우선 변제받을 수 있고 최선순위 전세권의 경우 배분요구를 하지 않으면 낙찰자가 인수하게 된다. 또한, 전세권으로 직접 경매를 신청할 수 있다.

3. 임대차 분쟁이 발생하는 경우

주택 임대차 관련 분쟁은 대한법률구조공단을 통해 상담받을 수

있다. 또한, 한국토지주택공사, 한국부동산원, 지방자치단체 주택
임대차분쟁조정위원회에서 신속하게 해결할 수 있다.

4. 공인중개사 확인

공인된 중개사인지 확인하려면 국가공간정보포털(www.nsdi.go.kr) -
열람공간 - 부동산 중개업 조회를 통해 확인할 수 있다.

* 자료 출처 : 한국자산관리공사 온비드 홈페이지

부동산 경·공매 시 별도 세대구성과 세금 문제

세대분리를 하는 사유

부동산 투자 시 1세대 1가구 비과세 외 다주택과 관련해서 세대분리의 필요성이 발생하게 된다. 그렇다면 세대분리를 하는 이유는 무엇일까?

첫째, 아파트 청약 시 당첨 가능성을 높이기 위해서다. 실수요자에게 주택을 공급하기 위해 2007년 9월부터 '청약가점제'가 시행되고 있는데, 아파트 청약 시 무주택기간이 상당한 배점을 차지하고 있다. 아파트 청약을 할 때 부양가족 수, 청약통장 가입기간의 점수와 함께 가장 많은 점수가 배정된 것이다. 부모가 주택을 소유한 상태에서 동일 세대면, 청약가점의 무주택기간 점수가 0이 된다. 그래서 세대분리를 하게 된다.

무주택기간	부양가족 수	청약통장 가입 기간	합계(만점)
32점	35점	17점	84점

둘째, 취득세 중과부과를 회피하기 위해서다. 취득세의 경우 수도권 대부분 지역이 조정지역으로 지정되어 있는데 규제지역, 조정지역, 청약과열지구 내 단일세대에서 최초 취득할 때의 세율은 1.1%지만, 두 번째 주택 취득 시 8.4%, 세 번째부터 12.4%의 취득세가 적용된다.

셋째, 1세대 1주택 양도소득세 비과세 혜택을 보기 위해서다. 1세대 1주택으로 2년 이상 보유 후 매도하면 비과세 혜택을 받을 수 있다.

세대분리 조건

세대분리를 하는 경우 여러 이점이 있는데, 세대분리를 하기 위해서는 일정한 요건이 필요하다. 주민등록법 제 7조에서는 주민등록표에 함께 기재되어 있지 않더라도 동일한 1세대로 보는 경우로써 ① 주택을 취득하는 사람의 배우자, ② 취득일 현재 미혼인 30세 미만의 자녀로 정하고 있다. 원칙적으로 미혼인 경우에는 세대분리가 인정되지 않지만, 다음의 경우는 별도 세대로 인정하고 있다.

1. 결혼한 경우
2. 결혼 후 배우자가 사망하거나 이혼한 경우
3. 거주자가 만 30세 이상인 경우
4. 근로소득, 사업소득 등 소득세법상의 일정한 소득으로 중위소득의 40%인 최저생계비를 입증하는 경우 세대분리가 인정된다.

| 2021년 및 2022년 기준 중위소득 |

(단위 : 원 / 월)

가구원 수		1인	2인	3인	4인	5인
기준 중위소득	21년	1,827,831	3,088,079	3,983,950	4,876,290	6,628,603
	22년	1,944,812	3,260,085	4,194,701	5,121,080	6,907,004

미혼 30세 자녀가 혼자 독립세대를 구성할 경우 중위소득 기준 표에서 '2022년 1인 가구 1,944,812원의 40%인 월 777,925(연환산 9,335,100원)원 이상의 소득이 입증되어야 한다.

요건이 인정된 경우 신분증과 도장을 가지고 행정복지센터에 가서 신청하면 된다.

| 세대분리 조건 |

① 만 30세 이상(혼인 시 만 30세 미만도 가능)

② 배우자 사망 또는 이혼

③ 중위 40% 이상 소득이 있는 만 19세 이상(과거 1년, 사업자는 2년 평균)

④ 가족 등의 사망으로 단독세대 구성이 불가피한 미성년자

경·공매에서
체납된 관리비 해결책

공매나 경매에서 권리분석을 하다 보면 관리비 체납이 있는 경우가 종종 있다. 낙찰을 받았다고 해서 다 끝나는 것이 아니다. 체납된 관리비도 정리해야 하는 것 중에 하나다. 좋은 물건을 낮은 금액에 낙찰받았는데, 체납된 관리비가 상당하다면 이 또한 난감할 것이다. 이때 이 체납된 관리비가 누구의 부담이고, 낙찰자는 어떻게 효과적으로 대응하는 것이 좋을지 알아보자. 법률적인 부분과 현실적인 부분을 알고 대응한다면 비용 손실을 줄일 수 있을 것이다.

체납관리비, 과연 누구의 몫일까?

낙찰받기 전에 아파트라면 관리사무소를 방문하고, 일반 빌라라면 관리업체를 찾아 체납관리비를 확인하는 것이 좋다. 경매 정보지를 지참하고 관리사무소에 방문하면, 대부분 체납관리비의 조기 해결을 위해 체납금액을 알려준다. 낙찰을 받고 나서는 필수적으로 관리사무소에 방문해서 체납관리비를 파악해야 한다. 체납관리비가 전부 낙찰자 부담은 아니다. 낙찰자가 책임져야 할 부분은 공용부분에 대해서만 체납관리비를 납부하면 된다. 전용부분은 책임질 필요가 없다.

체납된 관리비에서 책임져야 할 부분이 공용부분까지라고 판시한 대법원 판례가 있으며, 일반관리비는 공용부분에 포함된다고 할 수 있다.

[판시 사항]

아파트의 전 입주자가 체납한 관리비가 아파트 관리규약의 정함에 따라 그 특별승계인에게 승계되는지 여부(=공용부분만 승계)

[판결 요지]

집합건물의 공용부분은 전체 공유자의 이익에 공여하는 것이어서 공동으로 유지·관리해야 한다. 그에 대한 적정한 유지·관리를 도모하기 위해서 소요되는 경비에 대한 공유자 간의 채권은 이를 특히 보장할 필요가 있다. 공유자의 특별승계인에게 그 승계 의사의 유무와 관계없이 청구할 수 있도록 집합건물법 제18조에서 특별규정을 두고 있다. 이 관리규약 중 공용부분 관리비에 관한 부분은 위 규정에 터 잡은 것으로서 유효하다고 할 것이다. 아파트의 특별승계인은 전 입주자의 체납관리비 중 공용부분에 관해서는 이를 승계해야 한다고 봄이 타당하다(대법원 2001. 9. 20. 선고 2001다8677 전원합의체 판결).

체납관리비 중 연체료는 낙찰자에게 승계되지 않는다.

[판결 요지]

집합건물의 전(前) 구분소유자는 특정승계인에게 승계되는 공용부분 관리비에는 집합건물 그 자체의 직접적인 유지, 관리를 위해 지출되는 비용뿐만 아니라, 전유부분을 포함한 집합건물 전체의 유지, 관리를 위해 지출되는 비용 가운데서도 입주자 전체의 공동의 이익을 위해 집합건물을 통일적으로 유지, 관리해야 할 필요가 있다. 이를 일률적으로 지출하지 않으면 안 되는 성격의 비용은 그것이 입주자 각자의 개별적인 이익을 위해 현실적, 구체적으로 귀속되는 부분에 사용되는 비용으로 명확히 구분될 수 있는 것이 아니라면, 모두 이에 포함되는 것으로 보는 것이 타당하다. 한편, 관리비 납부를 연체할 때 부과되는 연체료는 위약벌의 일종이고, 전(前) 구분소유자의 특별승계인이 체납된 공용부분 관리비를 승계한다고 해서 전 구분소유자가 관리비 납부를 연체함으로 인해 이미 발생하게 된 법률효과까지 그대로 승계하는 것은 아니라 할 것이다. 공용부분에 대한 연체료는 특별승계인에게 승계되는 공용부분 관리비에 포함되지 않는다(대법원 판결, 2004다3598, 3604).

공용부분과 전용부분의 분류

① 공용부분 - 청소비, 오물수거비, 소독비, 승강기 유지비, 공용부분 난방비, 공용부분 급탕비, 수선유지비, 일반관리비(인건비, 제사무비, 교통통신비, 제세공과금, 피복비, 교육훈련비, 차량유지비, 부대비용)

② 전유부분 - 전기요금, 수도요금, 하수도요금, 세대난방요금, 급탕요금, TV수신료 등

관리비 채권의 소멸시효는 3년이다

체납관리비 승계기간
민법 제163조(3년의 단기소멸시효)

1. 이자, 부양료, 급료, 사용료 기타 1년 이내의 기간으로 정한 금전 또는 물건의 지급을 목적으로 한 채권

민법 제163조 제1호에서 3년의 단기소멸시효의 것으로 규정한 채권은 1년 이내의 기간으로 정한 채권이란 1년 이내의 정기로 지급되는 채권을 말하는 것이다(대법원 1996.9.20. 선고 96다25302 판결 참조). 1개월 단위로 지급되는 집합건물의 관리비는 이에 해당한다고 할 것이다. 따라서 관리비 채권에 대해서는 3년의 소멸시효가 적용된다(대법원 2007. 2. 22. 선고 2005다6581 판결).

건물의 '유치권 행사 중'이라는 현수막의 의미

길을 걷다 보면 가끔 건물에 '유치권 행사 중'이라는 현수막이 내걸린 것을 볼 수 있다.

유치권을 쉽게 설명하자면 타인에게 대출해준 후 물건을 담보로 잡았는데, 채무자가 대출금을 갚지 않을 시 담보 권리를 행사하는 것이다. 즉, 채권자는 물건에 대한 채권이 생긴 만큼 대출금 상환 때까지 해당 물건을 사용하지 못하는 것이다. 대표적인 사금융의 한 종류인 전당포가 유치권을 설명하는 좋은 예가 될 것이다.

시계수선을 맡긴 A씨는 시계수선이 끝난 시계를 찾기 위해서 수리비용을 지불해야 한다. 하지만, A씨가 금액을 지불하지 않으면 시계점 주인은 시계를 돌려주지 않고 보관한다. 이런 권리를 바로 유치권이라고 한다.

유치권은 부동산 시장에서도 중요한 역할을 한다. 건설사가 계약에 따라 공사를 진행했지만, 대금을 받지 못할 시 건축한 건물을 점유하는 경우다. 즉, 공사대금을 못 받으면 건물을 넘겨줄 수 없는 것이다. 이러한 건물이 경매나 공매가 진행되어 낙찰되면, 유치권자는 배당금에서 우선배당금을 받을 수는 없지만, 공사대금을 받을 때까지 낙찰자에게 건물을 넘겨주지 않아도 되는 권리가 있어 낙찰자에게 대금지급을 간접적으로 강제하는 역할을 하는 것이다.

하지만 유치권이 모든 상황에 적용되는 것은 아니다. 유치권의 성립 요건으로는 총 5가지의 요건을 충족해야 한다.

1. 타인의 물건이나 유가증권일 것
   -낙찰자 소유 부동산에 건물과 분리될 수 없는 거실의 예술작품, 큰 비용을 들인 조경시설 등 낙찰자가 설치한 것 등은 유치권이 성립되지 않는다.
2. 점유가 불법이 아닌 적법한 점유일 것
3. 채권(공사대금)과 목적물(유치권 행사 건물) 관계(견련성)가 있을 것
4. 채권의 변제기가 도래할 것
5. 유치권 배제 특약이 없을 것

또한, 유치권의 소멸 사유는 다음과 같은 것들이 있다.

1. 유치권자의 점유 상실
2. 채무자 승낙 없는 물건의 대여와 담보 제공
3. 피담보채권의 소멸

4. 경매개시결정 등기 이후 유치권성립

5. 유치권포기계약이나 각서의 증명

6. 신의칙(신의성실 원칙) 위반

    유치권을 보통 소송을 통해서 해결하는 경우가 많다. 유치권에 관해서 명확한 자료나 증거가 있을 경우, 또는 증거를 수집할 수 있거나 증명할 수 있는 경우, 경매계에 유치권은 신고되어 있으나 유치권의 성립 요건 중 하나라도 하자 사항이 있는 경우에는 유치권 물건에 입찰하는 것도 좋다. 그 외에는 유치권 금액을 인수해도 손해가 없는 금액으로 입찰해야 한다. 경매나 초보자는 이와 같은 특수물건은 가능하면 회피하는 것이 좋다는 생각이 든다.

    최근 이런 유치권 행사 사례가 서울시 강동구 둔촌주공아파트에서 발생해 세간의 관심을 받고 있다. '공사비 증액'을 두고 조합과 갈등이 심화한 시공사업단이 공사중단과 동시에 유치권을 행사한 것이다.

    향후 유치권에 의한 경매 절차로 사업이 장기간 표류할 수도 있으나 서로가 잘 합의해서 좋은 결과가 있기를 바란다.

PART 4

부자가 되는
원리

평범한 50대 주부의
공매 투자 계기

누구나 노후준비가 안 되어 있으면 미래가 불안할 것이다. 대부분 걱정만 할 뿐 어떠한 노력을 해야 할지 몰라 현재에 안주하며 살아가고 있다. 나이가 들면 무엇이든 시작하기가 힘들다. 느리기도 하고 무언가 새로 배우기가 어렵기 때문이기도 하다. 하지만 자신이 할 수 있는 것들을 찾아서 해야 한다. 안 하면 뒤처질 수밖에 없다. 50대도 늦지 않았고, 특히 60대 이상인 분들도 절대 늦지 않았다고 생각한다. 서툴고 느릴지라도 도전한다면 무엇이든 할 수 있고, 부자가 되고 싶다면 부자의 길로 갈 수 있다. 필자는 부동산 공매를 하면서 무엇이든 배우는 것에 주저하지 않기로 했다.

이미 예전처럼 열심히만 살면 살 수 있는 시대가 아니다. 이미 100세 시대로 접어들었고, 앞으로 경제적 능력이 뒷받침되지 않으면 노후가 비극이 될 수 있다는 것은 다들 알고 있다. 돈이 돈을 버는 시스템, 지속적인 현금이 들어올 수 있는 파이프라인을 구축해놓아야 한다. 지금 현재가 조금 힘들더라도 시스템 구축을 해놓아야 편안한 노후를 보낼 수 있는 것이다. 은퇴 후 반백 년을 설계할 줄 알아야 한다. 우선 안정성을 추구하면서 장기적으로는 수익성과 함께 어떤 투자 계기가 왔을 때 과감한 투자를 할 수 있는 유동성도 갖출 수 있도록 마음에 두고 투자하면 좋겠다. 평소에 공부를 게을리하지 말고 경제 현황, 사회적 이슈 등 돈 되는 정보들을 읽을 수 있어야 한다.

기회는 준비된 자에게 온다

나는 새벽 5시에 기상해서 나에게 맞는 책을 읽고 공부를 한다. 부자가 되려면 어떻게 해야 하는지 그 방법을 찾아야 한다. 관련 책을 읽고, 요즘은 유튜브, 네이버 검색, 무료 강의 등을 찾아보는 등 얼마든지 정보를 얻을 수 있는 길이 널려 있다. 사실 부자가 된다는 것은 쉽지 않은 일이다. 이미 바쁘게 사느라 부자가 되고 싶은 마음이 간절해도 행동으로 옮기기란 쉬운 일이 아니다. 하지만 부자가 되려면 도전을 해야 한다.

기회는 준비된 자에게 온다고 하지 않던가? 필자가 돈이 없다고, 시간이 없다고 핑계를 대고 공부를 하지 않았다면 어땠을까? 늦었다고 행동에 옮기지 않았다면 필자는 지금도 빚에 허덕이고 살고 있었을 것이다. 아무리 찾으려 해도 찾을 수 없던 현금흐름, 파이프라인 구축 방법, 그 해답이 부동산에 있다는 것을 깨달았다. 내가 이 시련에서 벗어날 길은 부동산밖에 없다는 생각이 들기 시작하면서 나의 삶이 변하기 시작했다. 경매로 수없이 낙찰에 실패하고 오던 어느 날, 남편의 공매를 해보는 것은 어떠냐는 그 한마디에 공매에 관해 공부하게 되면서부터 주저앉아 있지 않았다. 닥치는 대로 물건을 찾아보고 임장을 다녔다. 책만 읽는 공부에서 끝나는 게 아닌 실행으로 옮기기 시작했다. 눈에 띄는 물건이 있으면 지방이라도 마다하지 않았다. 기회는 준비된 자에게 온다고 하지 않던가?

부자로 성공하고 싶고, 경제적·시간적 제약으로부터 자유로워지고 싶은가? 누군가에게 선한 영향력을 주고 싶은가? 그런데 노력을 안 하고 그런 결과가 올까? 그런 기적은 절대 일어나지 않는다. 실행하면 결과는 반드시 좋은 방향으로 나에게로 다가온다. 소망하고 갈망하며 끝까지 공부해야 한다.

나는 아직 큰 부자도 아니고, 성공한 사람도 아니다. 삶을 바꿔 준 부동산 공매로 인해 성공을 향해 가고 있고, 부자가 되어가는 사람이다. 1년 만에 공매로 9개의 부동산을 낙찰받으면서 수입을 창출하고 있고, 지금 현재도 진행 중이다. 투자금이 많지 않아도, 나이가 많아도 할 수 있다는 메시지를 주고 싶다. 꾸준히 노력하고 실행하면 가능하다.

"너무 늦었는데 시작할 수 있을까?" 대부분 이렇게 이야기한다. '10년만 젊었으면 할 수 있었을 텐데'라고 생각하는가? 아직 늦지 않았다. 성공하기 위해 노력을 하는데 나이 제한은 없다. 나의 삶이 절망적이었을 때 50대라서 두렵기보다는 '과연 할 수 있을까?' 하고 생각했다. 부자가 되고 싶었고, 삶을 변화시키고 싶었다. 누구나 자기 삶의 태도는 내가 바꿀 수 있고 선택할 수 있다. 안 하는 것이지, 못할 것은 아무것도 없다. 누구나 할 수 있고 충분히 이루어낼 수 있다.

내게 열정을 샘솟게 해준 6가지 계기

절망 속에서 이 늦은 나이에 공매를 할 수 있었던 계기는 무엇이었을까? 이른 아침 새벽 5시에 나를 깨우고, 무언가를 열심히 할 수 있도록 만든 이유가 무엇이었을까? 분명히 있다. 이쯤에서 생각해봤다.

첫째, 친정 엄마의 영향이 크다. 그 찢어지는 가난 속에서도 힘들다고 이야기하신 적이 없는 엄마 덕분에 부자가 되겠다는 꿈을 꾸게 되었다.

둘째, 우리 가족이다. 감당할 수 없는 빚으로 힘들 때, 늘 용기와 희망을 준 우리 가족들이다. 누구 탓으로 돌리지 않고 자기 자리에서 꿋꿋이 버텨준 남편과 아이들 때문에 가능했다.

셋째, 부부의 10년 후 그림이다. 분명 10년 후면 일도 못 할 것이고, 몸은 아프기 시작할 것이다. 하지만 가진 것은 없고 노후대책이 필요했다.

넷째, 자녀들이 결혼할 때 조금이라도 보탬이 되고 싶었다. 부모라면 가지게 되는 솔직한 마음일 것이다.

다섯째, 건강도 중요하다. 요즘 취미로 골프를 배우고 있다. 전국 골프장을 누비며 남편과 취미 생활을 같이하고 싶다.

여섯째, 어려운 환경 속에서도 좌절하지 않고 일어서고자 하는 이들에게 희망과 용기를 주기 위해서다.

이렇듯 왜 부자가 되고 싶고, 성공하고 싶은지 정리해봤다. 방향을 잡았으니 이제는 열심히 노를 저으면 되겠다.

노후대비를 공매로 준비해보자

이제 개인의 노후를 계획했으면, 계획한 것을 실행해야 한다. 부자가 되고 경제적 속박에서 벗어나려면 꿈만 꾸는 것이 아니라, 어떠한 노후를 살 것인지 생각하고 움직여야 한다. 무엇이 행복한 노후를 만들어줄 것인가? 사실 50대부터는 두려움이 앞선다. 아직도 많은 사람이 노후설계가 중요하다고 관념적으로만 인식하고 있지, 구체적으로 무언가를 하거나 계획하고 있지 않은 경우도 많다. 아이들을 잘 키워냈고 열심히 살았지만, 정작 자신의 노후를 위한 준비는 안 되어 있는 것이 현실이다. 준비하지 않으면 노후를 보낼 필요한 자금을 마련하기란 쉽지 않다. 일반인은 은퇴 후 근로소득이 사라지는 순간, 기본적인 생활마저 흔들릴 것이다. 나날이 치솟는 물가 때문에 생활비, 자녀 교육비에 허덕이며 노후설계를 하기란 정말 힘들다. 하지만 지금부터라도 준비해야 한다. 어느 경제 전문가는 말했다.

"노후준비가 되어 있지 않으면 오래 사는 것이 축복이 아닌 고난입니다."

이제는 100세 시대다. 앞으로 은퇴 후 수십 년 이상을 경제활동 없이 보내야만 한다. 그렇다면 지금부터라도 준비해보자!

부동산 투자로 성공하려면
어떻게 해야 할까?

부자의 대부분은 일반인보다 훨씬 부지런하다. 자기가 할 일을 자신의 책임과 계획에 따라 철저히 준비하고 움직이기 때문에 생활에 있어서 만족하고 경쟁력도 강하다. 하루, 한 달, 1년 단위로 습관, 취미까지도 계획된 투자와 절제된 생활로 연결해서 유지하며 관리한다. 특히 부동산으로 부자 된 사람들은 긍정적으로 판단하고 생활한다. 세월이 흐른 뒤 다른 투자처와는 달리 부동산은 그만큼 정직하고 정확했기 때문이다. 부자들은 대부분 잠을 적게 자는데, 이는 생활에서 항상 긴장하며 살고 있다는 것을 말한다. 잠을 적게 잔다는 것은 그만큼 경쟁력이 있다는 것으로, 잠을 적게 자는 대신에 경제상황 분석이나 임장 등에 많이 활용하고 있다. 그들은 그렇게 바쁜 생활 속에서도 운동 등을 통한 자기관리에도 철저하다.

부동산 시장에 대한 선입견을 버려라

부동산 경기가 폭등해서 지금 사면 막차 타는 것이고, 하락하면 경기가 안 좋아서라고 생각하지 말아야 한다. 이제 부동산 시장은 한물갔다고 하는 고정관념부터 버려야 한다. 절대 그렇지 않다. 부동산 시장은 늘 상승과 하락을 반복한다. 하락하면 하락하는 대로 저렴하게 투자할 수 있고, 상승하면 상승하는 대로 시세차익을 누릴 수 있다. 그 어떤 시장에도 뒤지지 않는 재테크 시장이다. 사람들이 성공하지 못하는 이유는 정보가 부족해서인 경우가 많다. 선입견을 버리고 투자 가치를 볼 수 있는 안목을 기르면 기회는 온다. 세상은 빠르게 변화한다. 또한, 가격도 가파르게 변화하고 있다. 부동산 투자를 두려워하면 좋은 투자 기회가 있어도 기회를 잡지 못한다. 두려움을 떨쳐 버리고 부정적인 선입관, 편견을 버리고 좋은 기회가 오면 그 기회를 잡는 것은 본인의 노력과 열정, 의지, 노력에 달렸다.

부동산 시장에서 성공하려면 무엇을 갖추어야 할까?

1. 항상 실수요자라는 입장에서 생각하고 판단하라

부동산 투자는 우리가 항상 사는 땅과 집, 상가에서 시작한다. 본인의 목적에 적합한 이른바 실수요자 입장에서 투자가 필요하다. 즉, 실수요자 입장에서 가치가 판단되는 것이다.

2. 역세권 주변과 대중교통, 생활여건 등이 발달한 지역을 공략하라

역세권 주변이나 대중교통 등이 발달해 있고, 또는 앞으로 발전할 가능성이 있는 곳이 좋다. 이런 역세권으로 요즘은 KTX나 GTX 노선들을 중점으로 안정적이고, 미래가치가 있는 지역들이 괜찮은 투자처로 주목받고 있다. 항상 경제신문을 읽고 흐름을 파악할 수 있어야 한다.

3. 교육여건, 생활편의시설과의 접근성, 주거의 쾌적성 등을 따져라

(1) 학생들이 있는 집은 주택을 선택할 때 교육여건을 따진다. 제
반사항이 불리하더라도 교육여건이 좋은 곳이라면 가치가 상
승하고 초, 중, 고등학교의 학군이 우수하거나 주변에 우수한
학원 등이 있는 경우에는 많은 수요가 몰리므로 추후 가격 상
승요인이 된다.

(2) 대형마트, 공공기관(구청, 행정복지센터, 법원 등), 재래시장, 금융기관
등의 생활편의시설 접근성이 높다면 수요를 창출할 수 있으므
로 수요가 몰린다.

(3) 요즘은 숲세권이라고 해서 주거의 쾌적성을 따진다. 아파트 근
처에 공원이나 낮은 산, 강 등이 있다면 이런 지역이 부동산 가
치를 올려 주는 것이다.

(4) 남들이 하지 않는 부동산에 집중하라.

 • 남들하고 똑같이 해서는 성공할 수 없다. 남들이 하지 않는
   부동산을 스스로 찾아서 하면 수익을 낼 수 있다. 누구나 알
   고 있는 정보로는 수익을 낼 수가 없다.

 • 주변에 저평가된 아파트나 오래되었지만 미래가치를 충분
   히 가지고 있는 아파트를 잘 분석해보자.

 • 역세권 주변 다세대주택이나 다가구주택 등을 눈여겨보자.
   환금성에서 떨어질지는 몰라도 수익성은 높을 수 있다.

 • 노후화된 무허가건물 등은 나중에 리모델링 또는 철거 후에

새로운 가치를 창출할 수 있다.

- 구분상가를 싸게 사서 상가건물에 맞는 업종을 선택해서 입주시키는 방법으로 임대수익을 높일 수 있다.

(5) 다음과 같은 부동산 시장은 정보수집과 권리분석에 총력을 기울여야 한다.

투자와 연관 지어 도시기본계획을 분석할 때 가장 중요한 것은 제일 먼저 인구증감을 확인하는 것이다. 만약 인구가 감소하는 지자체라면 그 지역은 투자해야 할지 고민해야 한다. 인구는 지자체의 가장 기본이 되는 활력소이기 때문이다. 부동산 투자에서 정보는 수익과 연결되어 있기 때문에 누구에게나 열려 있는 정보 외에 숨어 있는 정보들이 많다. 이 숨어 있는 정보를 알아내는 능력을 키우는 것은 부동산 투자에서 수익을 내고 성공하는 비결이다.

- 부동산 시장은 신문과 방송 등의 정보에 정말 민감하다.

경제신문, 인터넷, TV 등을 보면서 부동산 시장 흐름을 지켜봐야 한다. 기사에 나와 있는 기사들을 모두 믿을 수는 없다. 단지 시장 상황을 수시로 확인할 수 있는 정보 마당인 것이다. 우리가 호재라고 하는 뉴스가 TV나 신문 등에 보도가 되었을 때는 수개월 전에 이미 소문이 나서 해당 지역 사람이라면 모르는 사람이 없을 정도로 다 알려졌을 것이다. 그러므로 이미 알려진 정보는 정보가 아니며, 오히려 그 정보를 이용해서 투자하는 사람은 위험에 노출되어 손실이 발생하는 경우가 많다. 예측할 수 있는 눈을 가져야 한다. 남들보다 좀 더 빠르게 움직여야 수익과 연결이 될 수 있는 것이다.

- 부동산 정보는 늘 임장으로 꼭 확인해봐야 한다. 어떤 일이든 발로 움직이지 않고는 절대 성공할 수 없다. 직접 물건을 확인하고, 실물을 눈으로 확인해서 결정을 내려야 한다. 임장을 했음에도 불구하고 실수할 때가 있다. 그러니 임장은 필수 요소다. 본인이 판단을 잘못해서 실수했더라도 경험으로 남기 때문에 그다음 실수를 줄일 수 있는 것이다.

원금을 지키며 안전하게 투자할 수 있는 것은 부동산밖에 없다

투자의 귀재라 불리는 워런 버핏(Warren Buffett)은 투자의 제1원칙은 '원금을 지키는 것'이라고 했고, 제2원칙은 바로 '제1원칙을 지키는 것'이라고 했다. 원금 보존이 그만큼 중요하다는 말이기도 하다. 필자는 많은 투자 중에서 원금을 지키며, 안전하게 투자할 수 있는 것은 부동산밖에 없다고 생각한다. 아무리 잘못 투자했다 하더라도 부동산은 그나마 실물이라도 남아 있기 때문이다. 처음부터 너무 어려운 특수물건에 욕심을 부리면 안 되는 선에서 투자한다면 말이다.

아무리 저축을 해서 돈을 모으고 악착같이 살면 뭐하겠는가? 한순간의 잘못된 판단으로 모든 것을 날려 버리면 무슨 소용이 있겠는가? 소중한 것일수록 잘 지켜야 한다. 부동산은 공부해서 지키고, 주식이나 비트코인, 채권, 환 투자를 결정할 때에는 위험과 수익에 대해서 철저히 분석한 후, 최소한 원금을 지킬 수 있는 안정성을 최우선으로 하는 위험 회피 투자를 해야 할 것이다.

Tip   안전한 부동산 투자 원칙

1. 많은 사람이 모이는 곳에는 먹을 것이 없다.
2. 남들이 관심을 갖지 않는 블루오션으로 가라.
3. 많은 사람이 모이는 곳은 빨리 양보하고, 새로운 곳으로 가서 개척하는 용기를 내라.
4. 아파트 전세보증금이 높은 지역의 빌라를 눈여겨봐라.
5. 인구 증가율이 높은 곳을 투자하라.
6. 주변 시세보다 주변 가치를 보고 투자하라.
7. 길이 나는 곳을 보고 투자하라.

부자가 되는
원리

　부자가 되려면 시간을 제대로 활용해야 한다. 누구에게나 시간은 공평하게 주어진다. 하루 24시간이 똑같이 주어지는 것이다. 이 24시간을 어떻게 사용하느냐에 따라 인생이 달라진다. 세상에 노력 없이 얻어지는 것이 있을까? 노력 없이는 목표를 절대 이룰 수 없다. 그 간단한 진리를 알고 행하는 사람과 행하지 않는 사람이 있고, 그 끝에는 그에 상응하는 결과가 따른다.

　직장을 똑같이 다니는 두 사람이 있다고 하자. 한 사람은 직장에서 근면 성실하게 일해 받은 월급을 모아 차곡차곡 저축한다. 또 한 사람은 직장도 열심히 다니면서 틈틈이 재테크도 공부하고 제2의 수입을 올린다. 주말이면 도움이 되는 강의를 듣거나 책도 많이 읽는다. 이처럼 두 사람은 똑같은 시간을 다르게 사용하고 있다. 이 두 사람의 차이점은 무엇일까? 똑같은 시간이 주어졌지만, 어떻게 쓰는가에 따라 부자로 가는 길이 갈리는 것이다.

　직장을 다니면서 재테크 공부하는 사람, 공·경매를 하는 사람, 1년에 한 번씩 아파트를 사고파는 사람, 빌라를 사고파는 사람, 이들은 모두 시간을 나름대로 제대로 쓰려고 노력하는 사람들이다. 그럼으로써 생활도 부유해지고, 삶의 만족도도 올라간다. 이처럼 시간을 만들 줄 아는 사람들이 자본을 잘 다스릴 줄 아는 사람들이다. 이들은 한편으로는 직장인이지만, 실질적으로는 시간을 만들어서 사용할 줄 아는 자본가들인 것이다. 근로소득이나 소규모 자영업으로 벌어들이는 소득에는 한계가 있을 수밖에 없다.

반면에 공매와 같은 부동산 시스템은 완전히 다른 개념이다. 얼마든지 직장인도 투자할 수 있는 시스템을 갖추고 있어 한번 배워 놓으면 반복적으로 수입을 가져다준다. 투자한 만큼 시간 대비 최고의 선물을 안겨 주는 것이다. 그게 부동산 공매가 갖는 매력이다.

《부자가 되는 사람들의 비밀》의 저자 윌리스 와틀스(Wallace D. Wattles)는 이렇게 말했다.

"당신은 부자가 될 기회와 여유가 없어서, 능력이 모자라서 가난한 것이 아니다. 부자가 되는 원리대로 생각하고 행동하면 누릴 수 있는 자원은 풍부하다. 그것을 알고 몸에 익히지 않았을 뿐이다. 그것을 누리는 것은 당신이 어떤 마음가짐을 갖느냐, 당신이 어떻게 하느냐에 달려 있다."

세상은 늘 풍요롭다. 그런데 당신이 평범하거나 가난한 이유는 부자가 되는 원리를 따르지 않았기 때문이다.

옛날 농부를 예로 들어 보자. 예전에는 농업을 시대에 뒤떨어지는 직종이라고 여겼다. 하지만 지금은 다르다. 영농으로 부를 이루는 사람들도 많아졌다. 농사를 날씨에만 의존하던 시대는 지나가고 있다. 첨단과학과 자동화된 기계화로 영농이 이루어진다. 시대가 변하면서 품종개량을 통한 인기 있는 농작물, 무농약·유기농 채소와 품질 좋은 고기들이 비싼 가격에 팔리고 있다.

부자가 되고 싶다면 시대에 이끌려 가지 마라. 시대를 거스르지 않으면서 흐름을 탈 기회는 얼마든지 열려 있다. 그것을 이용할 줄 아는 사람만이 풍요로움을 누릴 수 있다.

부동산 투자는 선택사항이 아니라 필수사항이다

공매를 하게 되면서 많은 것을 배우고, 더불어 인생 공부까지 하고 있다. 수익을 내면서 마음의 여유도 생겼다. 완전한 경제적 자유까지는 아니지만, 행복한 50대 주부의 삶을 누리고 있다. 이제 부동산 투자는 선택사항이 아니라 필수사항이라 말하고 싶다. 누구나 할 수 있다. 각종 핑계를 대며 투자를 실행할 용기가 아직 없을 뿐이다. 노후를 좀 더 평온하고 행복하게 지내길 바란다면 도전을 하자! 누구나 한두 번 이상의 힘들고 쓰디쓴 인생의 실패 경험들을 안고 살아간다. 그런데 누구는 그 기회를 발판으로 삼아 성공신화를 이룬다. 반면, 누구는 다시 일어설 엄두를 못 내고 끝내 주저앉아 남은 인생마저 포기하는 삶을 산다.

1998년 IMF 외환위기와 2008년 금융위기를 겪으며, 우리는 부동산과 주식 등 자산의 대폭락을 경험했다. 그리고 그 뒤에는 반드시 대상승장이 온다는 투자 진리가 일반인의 머릿속에 확실히 박히게 되었다. 그 때문에 투자에 대한 생각도 변한 것 같다.

나도 IMF를 힘들게 겪은 사람이다. 남편이 금융권에서 퇴출도 당해 봤다. 그 당시에는 타격이 엄청나게 컸다. 지금은 코로나19로 힘든 상황이고, 경제적으로 힘들어하는 사람들이 많다. 또한, 부동산 시장은 종잡을 수 없다. 금리 인상, 세금 정책 등으로 인해 부동산 투자자들은 힘든 시기를 겪고 있다. 이런 상황에서 투자를 행동으로 옮기기란 결코 쉬운 일이 아니다. 경제가 좋으면 투자 면에서는 팔 때다. 일상이 변화가 없이 단조로운 시기면 정체기라고 보고 관망하는 지혜도 있어야 한다. 경기가 최악이면 투자의 최적기라고 볼 수 있는 관점도 필요하다. 당연히 무모하게 투자하지는 말아야겠지만 말이다.

돈이 저절로 들어오는 시스템을 구축하자!

'시작이 반이다'라는 말이 있다. 무슨 일을 시작한다는 것이 그만큼 어렵다는 말이기도 하다. 특히 자신이 지금까지 하던 일과는 전혀 다른 분야의 일을 시작하려면 더 큰 용기가 필요하다. 무엇보다 성공보다는 실패할 확률이 더 높을 것이라고 생각하는 것이 문제다.

이쯤에서 내가 지금 어디에 서 있는지 확인할 필요가 있다. 어떤 포지션을 취하고 있는지, 자신의 노동력이 수입을 버는 전부인지, 아니면 다른 재테크로 또 다른 수입을 창출하고 있는지 말이다. 월급만을 받기 위해 일주일 내내 힘들게 일하고 보상심리로 주말에는 쉬기만 하는가? 그런 단순 반복적인 생활을 이어 가고 있는지 한 번쯤은 되돌아볼 문제다.

자본주의가 발달할수록 빈부격차는 점점 더 심해지고 있다. 이런 상황에서 자신의 게으름으로 인해 가난에 머물러 있지 않은지 되돌아봐야 한다. 평생 남을 위한 일만 할 것인지, 아니면 나에게 저절로 돈이 들어오는 시스템을 구축해놓아야 하는지 말이다.

성공하는 사람들은 긍정적이다

필자는 아무리 찾으려 해도 찾을 수 없던 안정적인 수익을 얻는 방법에 대한 해답이 부동산에 있다는 것을 깨달았다. 많은 사람은 어떤 사람이 돈을 벌기 시작하거나 부를 얻어 성공이라도 하면, 그저 운이 좋아서 저 사람은 성공했을 것이라고 생각한다. 그 부와 성공을 이루기까지의 정말 엄청난 노력과 고통, 시련의 비하인드 스토리가 있다는 사실을 모르거나 애써 무시한 채 말이다.

시장의 흐름을 보다 보면 깨닫는 무언가가 있다. 투자 시장만큼 긍정의 힘이 크게 작용하는 곳이 없다는 것이다. 진정한 힘은 모든 것을 내가 바꾸겠다는 긍정의 생각에서부터 비롯된다. 투자에 있어 항상 부정적이면 설 곳은 없다. 한바탕 큰 상승이 지나간 요즘은 투자를 잠시 멈추고 시장을 지켜보고 있는 것도 괜찮다. 하지만 투자는 장거리 경주이기 때문에 부지런히 현장을 오가면서 기회를 기다릴 줄도 알아야 한다. 꾸준히 실력을 키우고 경험을 쌓으면 상승장에서도 투자할 수 있고, 하락장에서도 수익을 낼 수 있는 것이다. 어떤 시장이 오더라도 적응할 수 있는 실력을 길러 놓아야 한다. 부지런히 공부하고 기회가 왔을 때 잡을 수 있는 사람이 되어야 한다.

'성공하는 사람들은 긍정적이다'라는 말을 많이 들어봤을 것이다. 부정적인 사람들이 성공한다는 말은 별로 듣지 못했을 것이다. 주변을 둘러보면 맞는 것 같다는 생각이 든다. '잘되면 내 탓이고, 안되면 네 탓'으로 돌리는 사람들이 대부분이다. 아마도 인간의 본성이 아닐까 싶다. 부정적인 마인드를 스스로 버리지 못하면 성장하지 못한다.

주변 친구 중에서도 만날 때마다 모든 일에 부정적이고, 불평불만이 가득한 사람이 있다. 만날 때마다 나의 에너지가 뺏기는 것을 느낀다. 자주 만나고 싶지 않아 피하게 되는 친구다. 칭찬은 고래도 춤추게 한다고 하지 않았던가? 긍정적인 사람이 자신감도 넘쳐 보이고, 상대방을 편하게 해줄 뿐 아니라, 더불어 힘을 내게 하는 에너지가 발생한다.

부동산 투자에서도 긍정적 사고는 성공 투자와 밀접한 관련이 있다. 긍정적인 생각으로 좋은 물건을 찾다 보면 수익으로 이어지는 경우가 많으므로, 늘 긍정마인드로 생활한다면 좋은 기회는 올 것이다.

때를 기다릴 줄 알아야 한다

공매도 때를 기다릴 줄 알아야 한다. 내가 찾는 물건이 없을 때는 좋은 물건이 나오길 기다리면 된다. 인생을 살다 보면 기회가 왔다가 없어지기도 한다. 위기라는 이름으로 다가오기도 하고, 그 위기가 기회가 될 때도 있다. 두려움과 욕심을 적절히 조절하는 것도 중요한 방법이다. 요즘은 주식, 암호화폐 등 다른 투자 요소들이 부동산 시장을 흔들고 있다. 이럴 때일수록 군중심리에 휩쓸리지 말고, 본인만의 투자 철학으로 헤쳐나가야 한다.

주식이 오르면 따라서 사고, 또 하락하면 팔고, 부동산이 오르면 따라서 사고, 또 하락하면 판다. 암호화폐도 마찬가지다.

가격이 하락할 때 사서 오를 때 팔아야 하는 것은 누구나 알고 있는 상식이다. 하지만 실행에 옮기기란 쉽지 않다. 요즘 젊은 세대들이 주식이나 비트코인에 올인했다가 손실을 봤다는 기사들이 많다. 너무나 안타깝다. 인간이기에 군중 심리에 휘말려 개인적인 특성이나 자기의식은 사라지고, 쉽게 대중과 동질화되는 심리가 발생한다. 하지만 나만의 길을 개척해 나갈 줄 알아야 진정한 수익을 창출할 수 있다.

요즘은 어디를 가나 부동산 이야기를 하는 사람들이 많다. 각종 매스컴에서도 부동산 상승과 하락을 주요 쟁점으로 다룬다. 상승기를 놓치고 후회하는 사람들을 많이 본다. "집값이 이렇게 많이 오를 줄은 정말 몰랐다!", "진작 집을 살걸, 전세로 살지 말고 내 집을 마련했어야 했는데!"라는 등 사람들은 가격이 오른 부동산 시장을 보면 억장이 무너진다고 말한다. 한바탕 상승장이 몰고 간 자리에는 늘 아쉬워하는 사람들이 있기 마련이다. 정해진 코스 같다. 사람들은 호들갑을 떤다. 조금만 가격이 내려가도 시장은 어느새 부정적인 말들로 도배가 되어버린다. 그리고 "부동산 시장은 끝났다"라고 한다. 하지만 과거 신문기사를 찾아보면, 시장은 늘 상승과 하락을 반복해왔다는 것을 알 것이다.

투자자가 버려야 할 2가지 마음가짐, '했더라면'과 '때문에'다

투자자가 버려야 할 2가지 마음가짐이 있다. 하나는 **'했더라면'**이다. 사람들은 늘 과거를 후회한다. 'IMF 때 반값에 집을 샀더라면, 그때 조금만 돈이 있었더라면, 조금만 일찍 투자했더라면'이라면서 부정적인 생각에 빠진다. 좋은 시절은 다 갔다고 이야기하는 것이다. 이 또한 반복됨을 알아야 한다.

아직도 겨울이면 생각나는 집이 있다. 아이들이 어렸을 때 살던 복도식 아파트였는데, 겨울만 되면 수도가 얼었다. 수도가 동파되면 복도가 빙판이 되어 미끄러워 다닐 수가 없었다. 박스를 주워다가 바닥에 깔았던 기억이 지금도 생생하다. 그때가 필자의 **'했더라면'**이었다. 기회가 왔어도 잡지 못했던 때의 기억이다. 그 집을 빨리 처분하고 새 아파트로 옮겼어야 했다. 그 당시에 부동산 시장이 하락하고 있었다. 그런데도 내가 사는 집의 본전이 아까워 팔 수가 없었던 것이다. 얼마 뒤에 우리 집은 가격이 오르지 않았고, 가려고 했던 새 아파트는 가격이 훨씬 올라 있는 것을 쳐다만 볼 수밖에 없었다. 이처럼 '**했더라면**'이 늘 발목을 잡았다.

시장은 계속 순환하고 있다. 그런데 이상하게 우리는 그것을 모를 때가 많다. 좋은 시절 다 갔다고 생각하는 사람에게 돈은 따라오지 않는다. 당신이 과거를 원망하는 사이에 누군가는 미래로 달려가고 있다는 사실을 잊지 않았으면 한다.

또 한 가지는 '**때문에**'다. 사람들은 늘 다른 사람과 환경을 탓한다. "나는 흙수저로 태어나서, 직장이 너무 바빠서, 정부의 과한 부동산 규제 때문에 투자를 할 수 없었다"라고 남 탓으로 돌리는 것이다. 이 모든 것은 그 누구 탓이 아니라 내 탓인데 말이다. 부정적인 생각보다 긍정적인 마인드로 나를 바꾸어 나가야 한다. '**때문에**'라는 말은 핑계일 뿐이다.

안 된다고 생각하면 끝도 없이 안 되는 이유만 찾게 된다. 된다고 생각했을 때는 이를 해결하기 위해서 끊임없이 그 이유를 찾고, 어떻게든 원하는 일을 이루고야 만다. 이 차이점은 무엇일까? 단지 생각만 달리했을 뿐 나타나는 행동과 그에 따른 결과는 너무도 다르다는 것이다. 성공한 사람들은 한결같이 모든 것은 긍정적 생각에서 비롯된다고 말한다. 긍정적인 방향으로 생각을 하게 되면 긍정적인 감정이 흘러나와 긍정적으로 행동하게 된다는 것이다.

도전을 두려워하지 말자

집값은 오르내리기를 반복하니 언제 사는지 몰라서 망설인다. 대출금은 갚기가 힘드니 내 집 마련은 어렵고, 임대는 관리가 힘들어 골치 아파서 못하는 등 이런저런 핑계로 기회가 찾아와도 놓치고 뒤늦게 후회한다. 부자들은 이 기회를 절대 놓치지 않는다. 한 단계씩 기회를 밟아 올라간다. 하지만 보통의 사람들은 해보지 않고 시도조차 하지 않는다. 부자로 갈 방법은 도전을 두려워하지 말아야 한다는 것이다.

나를 먼저 사랑해야
다른 것도 보인다

대부분 엄마들은 늘 자신보다 가족을 먼저 생각한다. 이상하게도 아내가 되고, 엄마가 되면 왜 삶의 우선 기준이 달라지는 것일까? 모든 것이 가족 중심으로 움직인다. 대부분의 시간을 가족에 관한 생각과 걱정으로 정작 자신에게는 관심을 쏟지 못한다. 나이는 점점 들어가는데 건강은 어떤지, 내가 진정으로 원하는 것이 무엇인지 알려고 하지도 않는다. 아이들을 키우고 남편 뒷바라지에 온종일 집안일로 힘들게 살면서 내심 본인은 좋은 엄마이고, 좋은 아내라고 자기 위로를 하며 산다.

어느 날 친구가 심상치 않은 목소리로 만나자고 했다. 이 친구는 자식들도 잘되고, 남편 회사도 탄탄해서 별 탈 없이 잘사는 줄 알았다. 그런데 어느 순간부터 본인이 마음의 병을 앓고 있다고 했다. 50대가 되고 보니 본인의 자리는 없고, 자식들은 자식들대로 잘되어서 독립하고, 남편도 어느 정도 안정되었는데 정작 본인은 우울하고 허무하다는 것이다. 과연 이 친구만의 일일까? 우리 사회는 아직도 여성의 삶을 제대로 평가해주지 않는다. 엄마 노릇도 해야 하고, 아내 노릇도 해야 한다. 하지만 요즘은 일하는 여성들이 많아지고 있다. 혹시 전업주부가 취미라도 살려 무언가를 배우려고 하면, 가족 핑계를 대면서 그럴 시간이 어디 있냐고 하는 남편들도 많다. 더 심각한 것은 여성 자신이 그런 생각을 할 때다. 여자들은 어느새 스스로 그런 삶이 당연하듯 살아가고 있다. 그래도 요즘 젊은 세대들은 많이 변하고 있는 것 같다. 하지만 중년 주부들은 아직도 헤어 나오지 못하고 있는 예도 있다.

자신을 위해 무언가를 하려다가도 멈춘다. 남편이나 아이들보다 자신을 위해 더 많은 시간을 쓰고 싶은 마음이 들면, 이상하게 나쁜 엄마가 된 것 같은 생각이 든다. 그러다가 40~50대가 되면 문득 내 친구처럼 본인 인생에 자신이 없어져 버린 듯 우울함을 호소한다. 자신감과 자존감이 떨어진 것이다. 엄마인 내가 나를 위해서 시간과 돈을 쓸 수 있어야 하고, 스스로에게 더 많은 사랑과 관심을 기울여야 한다. 자신을 돌볼 줄 아는 사람이 되어야 한다는 것이다. 내가 당당하고 떳떳할 때, 나와 내 가족 또한 건강하고 행복해진다. 나를 사랑할 줄 모르는 사람이 과연 남을 사랑할 수 있을까? 이제는 나를 위해서 약간은 이기적이더라도 용기를 내봐야 한다.

배우고 성장하며 나를 사랑하는 존재가 되자

필자는 그동안 수많은 일을 겪으면서 스스로를 사랑하기로 했다. 재테크 공부에 주저하지 않고, 배움에 두려움을 갖지 않았다. 나를 사랑하게 되니 일을 할 때 자신감도 붙고, 주변 사람들도 나를 더 사랑하게 된 것 같다. 분명 우리 주부들도 약간 이기적일 필요가 있다. 나는 우울해하는 내 친구에게 조언을 아끼지 않았다. 얼마든지 너는 너 자신을 사랑할 자격이 있고, 지금부터라도 너를 위해 할 수 있는 일을 찾아보라고 이야기를 해주었다. 당장 시작할 수 있는 것, 운동도 좋고, 일도 좋고, 무언가 배울 수 있다면 망설이지 말라고 했다. 당연히 부동산 공매에 대한 정보도 알려 주었다. 이 친구의 앞으로 행보가 궁금하다. 내가 오지랖 떤다고 나를 멀리할 것인지, 아니면 본인을 사랑하며 노력하는 길로 나아갈지. 부동산 투자에 관한 관심은 본인에게 달렸기 때문에 내가 아무리 이야기를 한들 본인이 선택해야 하는 문제다.

엄마로서 단순히 일만 가지고 이야기하는 것은 아니다. 자신을 성장시키기 위해서 끊임없이 배우고, 자신의 몸과 마음을 향상시키기 위해 노력하라는 것이다. 혼자만의 여행도 떠날 수 있는 당당한 여자, 나의 삶에 내가 중심이 되어보라는 이야기다. 우리 부모님 시대에는 가난을 벗어나기 위해 열심히 앞만 보고 달리셨다. 안 쓰고 돈을 모아 은행에 안전하게 저금하면 그게 재테크인 시대였다. 가족 뒷바라지에 헌신적인 삶을 살았다. 하지만 이제는 엄마들도 현시대에 맞추어 나를 적극적으로 변화시켜야 할 필요가 있다고 생각한다. 세상은 점점 변하고 있다. 그러니 나도 변해야 한다. 적극적으로 시대의 변화를 읽고, 그 변화에 발맞추어 그 흐름에 따라갈 수 있는 멋진 사람이 되어 보는 것은 어떨까?

어떤 사람은 평생 안정성만 추구해서 은행에 예금만 하는 사람이 지금도 주변에 있다. 은행이 제일 안전하다는 것이다. 지속적인 인플레의 시대에 재테크적인 관점에서 다소 뒤처진 은행이라는 배에 탑승해 시대적 흐름에 뒤처지고 있다. 반면, 어떤 사람은 위험과 기회를 신중하게 분석한 후 과감하게 대출해서 재투자하거나, 매매 또는 수익사업을 하는 사람들도 있다. 은행은 레버리지를 활용하기 위해 이용하는 것이다. 나의 작은 투자금으로도 큰 자산을 취득할 수 있게 도움을 주는 곳이다. 은행이라는 사회적 도구를 적절히 이용할 수 있어야 한다. 현대에서 돈에 대한 안정성에만 치우친다면 부의 축적과 발전이라는 물결 속에서 나만 뒤처지게 되는 것이다. 앞으로 경제적 자유를 향한 갈망이 있다면 결코 도전을 회피해서는 안 된다. 내가 무언가를 해내야 한다고 생각된다면 과감하게 도전해보길 바란다. 은행을 현명하게 이용할 줄 아는 고객이 되어보자.

성공한 사람들, 꿈이 있는 사람들은 항상 자신의 한계에 도전한다. 포기라는 단어보다는 확신이라는 단어를 사용한다. 왜냐하면, 무엇보다 자신을 사랑하고 신뢰하고 있기 때문이다. 자신을 사랑하는 법을 알고 있고, 자신을 굳건히 믿는 확신이 있기에 꿈을 향해 성공의 길로 걸어갈 수 있는 것이다.

법륜스님께서 쓰신 <나를 사랑하는 법>이라는 글이 있다. "이 세상에서 제일 중요한 사람은 바로 자기 자신입니다"라고 시작한다. 스님은 자기 자신을 소중하게 여겨야 하며, 남을 미워하며 괴로움에 시달리는 사람은 결국 자기 자신을 괴롭히는 사람이라고 말한다. 아름다운 자연의 소리를 들을 수 있는 것도 행복인데, 왜 우리가 인생을 비관해야 할까? 나를 사랑하는 법을 알고, 사랑하는 존재가 되었으면 좋겠다. 그 길의 시작이 부동산 공매가 되면 더욱 좋겠다.

부동산 공매! 이렇게 쉬웠어?
공매 실무와 실전 사례

제1판 1쇄 2022년 11월 25일
제1판 2쇄 2024년 3월 20일

지은이 김동년
펴낸이 허연   **펴낸곳** 매경출판㈜
기획제작 ㈜두드림미디어
책임편집 이향선, 배성분   **디자인** 김진나(nah1052@naver.com)
마케팅 김성현, 한동우, 구민지

매경출판㈜
등록 2003년 4월 24일(No. 2-3759)
주소 (04557) 서울시 중구 충무로 2(필동 1가) 매일경제 별관 2층 매경출판㈜
홈페이지 www.mkbook.co.kr
전화 02)333-3577
이메일 dodreamedia@naver.com(원고 투고 및 출판 관련 문의)
인쇄·제본 ㈜M-print 031)8071-0961

ISBN 979-11-6484-480-7 (03320)

책 내용에 관한 궁금증은 표지 앞날개에 있는 저자의 이메일이나
저자의 각종 SNS 연락처로 문의해주시길 바랍니다.

책값은 뒤표지에 있습니다.
파본은 구입하신 서점에서 교환해드립니다.

발로뛰어서 상가 투자로 건물주 되기
거지였던 나는
상가 투자로
32억
건물주가 되었다

투자 공식 심플포자 되어용
공매 투자,
지금이 기회다

직장인도 따라 할 수 있는
별장펜션 창업

부동산 투자, 제대로 하려면 땅부터 하라
한 권으로 끝내는
토지 투자 성공공식

임장의 여왕이
알려주는
부동산 투자 전략

'발칙한 발상'이
부동산 성공 투자를
부른다
토지·상가의 성공 투자법

가로주택정비사업 A부터 Z까지
미니
재개발·재건축의
모든 것

당신의 경제 탈출구가 되어줄
이기는
부동산 경매의
비밀

종부세
핵폭탄 대비하는
완벽 솔루션

신방수 세무사의
이제 부동산 세금을 알아야
주택 보유&
처분 할 수 있는
시대다

투자 전, 꼭 알아야 하는
상가임대차법

Real Estate Auction
부동산 경매,
초보에서
탈출하라

부대행의 내 집 마련 콘서트
초규제 시대,
부동산 투자의 정석

베테랑 공인중개사의 부동산 투자 이야기
돈이 되는 부동산
vs
돌이 되는 부동산

신방수 세무사의
양도
소득세
완전
분석

사례로 풀어보는
지분경매
지분경매 해결 TWO 기둥
= 소송 + 협상

지출증빙서류
투자멘토지기는 콘코더블타
신방수 세무사의
부동산 거래 전에
자금출처부터
준비하라!

부동산 관리도
경영의 시대

종합관리 실무 전문가의 부동산 학자 교수가 함께 쓴
부동산 관리와
종합서비스

신방수 세무사의
상속분쟁 예방과
상속
증여
절세 비법

집 파는 돈 버는
셰어하우스
SHARE
HOUSE

내 생애 짜릿한
대박 상가
투자법

신방수 세무사의
주택임대사업자
등록과
절세 비법

나는 장애를 딛고
부동산 경매로
성공했다

불황에도 매출 10배 올리는
상위
1%
공인
중개사의
마케팅
비법

GTX 시대, 부동산 투자 비법은 따로 있다!
아파트는 살고
땅은 사라

부동산
상식을
돈으로
바꾸는 방법

해외 부동산 투자,
나는 말레이시아로
간다
MALAYSIA

당신도 건물주가 될 수 있다!
원룸
마스터

부동산
실무 法
용어사전
1,000

부자로 환승하라
머니트레인

부동산 투자
인사이트

그는 어떻게
부동산
1인 창업으로
10억을
벌었을까?

돈 버는
주택임대
관리기법

10%대 수익률을 위한
최고의 부동산 재테크
P2P
투자의
정석

부동산으로 이룬
부자의 꿈

아파트 경매,
지역 분석이 먼저다!

때때 시세를
중심으로 살펴보는
대박 친
빌딩 투자의
비밀

점준한의
부동산
레시피

초보를 위한 취업과 창업 완벽 가이드
잘나가는
공인중개사의
비밀노트

新
명품 토지
중개 실무

다양한 사례와 함께 살펴보는 실무 노하우

실패 없는 부동산 파라다임
돈 길 따라가는
부동산 투자

정보력과 실전 경험이 바탕이 된,
앞을 내다보는 부동산 투자 기법을 전수한다

부동산 계약·증여·증여 전에 꼭 알아야 하는
부동산
세무
Real estate
Tax
Guide Book
가이드북
실전편
2019
개정세법 반영
전면개정판

개념부터 쉽게 배우는 부동산 필수 상식
돈 되는 부동산은
따로 있다

300채 집이온 베테랑 저자가 전하는
부동산 투자 비법

지식산업센터 투자 실전편
부동산 투자,
아파트형
공장이
틈새다

2달 만에 월세 200만 원 받는
월세 부자
레시피

이제 당신도 부자가 될 수 있다!

직장인들도
쉽게 따라할 수 있는
新 부동산 공매
가이드북

실전편

양도·증여·상속의 모든 것
기막힌
부동산
절세의
비밀

생활 속의 세금 상식을 담은
절세 필독서

경매·NPL, 투자자의 차산가도 꼭 알아야 하는
부동산
매매임대사업자
세무
Real estate
Business
Tax
Guide Book
가이드북
실전편

나는
부동산 투자로
파산자에서
100억 부자가
되었다

경험하기 쉬운 부동산 투자자의 신세계
지분경매,
공유지분,
독점경매

남들과 경쟁하기 싫고,
혼자 전부 독식하고 싶다!

입찰에서 취득까지, 배당에서 명도까지
부동산 경매의 모든 것
이것이 진짜
성공 경매다

기막 투자로 승부하라!
실패를 최소화하는 성공 투자 비법

부동산 전문 아나운서의 재테크 실전팁
결혼은 선택이지만
부동산
투자는
필수다

부동산만큼 평생을 보상해주는
것은 하진다시 없다

수익형 부동산 건축과 재테크 투자 비법
헌집 살래
새집 살래

건축을 알면
알짜 부동산이 한눈에 보인다!

부자 되는
주택
임대사업

이제 대세는 수익형 부동산이다
평생 돈 걱정 없이 사는 월세 부자 되기

돈 버는
공인중개사는
따로 있다

부동산 정책 분석
시장을 이기는
정책은 없다

부동산 정책을 알면 시장이 보인다!

전세가를 알면
부동산 투자
가 보인다

시장 심리를 파악하면, 투자 흐름이 보인다!
부동산 가격 변화의 비밀 '입지, 인식, 정책'

서울시 공정경제과
주무관이 알려주는
부동산
거래와
판례

스타들의
부동산
재테크

스타들의 사생활보다 더 궁금한
그들만의 부동산 투자
스타가 좋아하는
부동산은 따로 있다!?

dodreamedia
두드림미디어
경매·경매, 재테크, 자기계발, 실용서 전문 출판 임프린트

(주)두드림미디어 카페
https://cafe.naver.com/dodreamedia

Tel : 02-333-3577
E-mail : dodreamedia@naver.com